关于最高人民法院
独立保函司法解释
实务解析

苑 超 著

中国商务出版社

图书在版编目（CIP）数据

关于最高人民法院独立保函司法解释·实务解析/
苑超著．--北京：中国商务出版社，2019.8
ISBN 978-7-5103-2949-4

Ⅰ．①关… Ⅱ．①苑… Ⅲ．①担保法—法律解释—中
国 Ⅳ．①D923.25

中国版本图书馆 CIP 数据核字（2019）第 127186 号

关于最高人民法院独立保函司法解释·实务解析

GUANYU ZUIGAO RENMIN FAYUAN DULI BAOHAN SIFA JIESHI·SHIWU JIEXI

苑　超　著

出　　版：中国商务出版社	
地　　址：北京市东城区安定门外大街东后巷 28 号　　邮　　编：100710	
责任部门：职业教育事业部（010-64218072　295402859@qq.com）	
责任编辑：魏　红　闫红广	
总 发 行：中国商务出版社发行部（010-64208388　64515150）	
网　　址：http://www.cctpress.com	
邮　　箱：cctp@cctpress.com	
印　　刷：三河市华东印刷有限公司	
开　　本：710 毫米×1000 毫米　1/16	
印　　张：13	字　　数：210 千字
版　　次：2019 年 9 月第 1 版	印　　次：2019 年 9 月第 1 次印刷
书　　号：ISBN 978-7-5103-2949-4	
定　　价：58.00 元	

序　言

最高人民法院颁布的"规定"是最高人民法院进行司法解释的四种形式之一。"根据立法精神对审判工作中需要制定的规范、意见等司法解释，采用'规定'的形式。"（《最高人民法院关于司法解释工作的规定》第六条）由此可见，最高人民法院颁布的"规定"，是基于立法精神、基于同立法精神相一致的部门法理论、基于法律原则，并结合审判实际，针对某一法律领域而制定的规范性文件。某一个"规定"，可能会涉及多个部门法，可能既涉及实体法，也涉及程序法。与此同时，在该"规定"颁布之前，在立法上并没有此类的系统的、具体的规范性文件。在最高人民法院的该"规定"颁布后，实践中也不再需要在立法上做出系统的、具体的规范性文件。从这个意义来说，最高人民法院颁布的"规定"，是通过司法解释的方式，做了立法的工作。

立法可以滞后，司法却是日常的工作。对某一法律领域的某些事项，在准备立法时可以反复讨论、研讨，经年累月地准备，甚至在立法机构认为准备工作或时机尚不成熟时，把该项立法工作搁置起来。但是，当这些相关的事项被当事人以诉讼的方式呈交到法院时，法院必须审理。在成熟的法制社会，对某个争议案件是否不予审理，法院只能通过初步审理后，以没有管辖权或争议事项是政治问题而不是法律问题来放弃审理。法院不能想当然地就对当事人的诉求不予立案。有机会得到法院的审理，本身就是当事人的应有权利。现代民事审判制度的初衷是解决纠纷，保证法律的确定性、权威性和可预见性。法院不能以某一事项没有法律规定而对该事项的纠纷不做出法律上的判断、不做审理。既然法院必须审理案件，法院依据什么来审理？当然是依据法律。由此可见，现代社会，法律没有空白、法律无处不在。即便是某一事项立法上没有具体规定，法院在审理涉及该事项的案件时，依然可以依据现有的法律体系、立法精神、法律原则、部门法理论等，推导出来应该依据的规则是什么。以此来审理案件、得出结论、做出法律上的判断、下达判决书。

《最高人民法院关于审理独立保函纠纷案件若干问题的规定》是基于《民法通则》《合同法》《担保法》《民事诉讼法》等部门法及立法精神、法律原则及过往这些年法院的审判实践，而做出的"规定"。旨在在司法上进一步统一法律的适用，统一标准、细化规范。在该"规定"所涉及的领域，是一件大事。苑超律师所撰写的该"规定"的《实务解析》，对法律人对该"规定"的理解与适用，大有裨益。

一个优秀的法律人应该具有从立法精神、法律原则和部门法理论中推导出具体的法律规范的能力。这种能力，对于律师来说，是其在市场上的核心竞争力之一。

苑超律师在对外经贸大学攻读法学硕士期间就到通商律师事务所工作，迄今已有十二年。业精于勤。一万多个小时的法学院学习，数万个小时的诉讼、仲裁的实践，苑超律师自然已经成为专业解决的行家里手。苑超律师是我带过的最优秀的年轻律师之一，曾被《亚洲法律杂志》评为百大年轻律师。走专业化的道路、做专家型的律师，是苑超律师及他的同事们、他所带的团队所选择的道路，我相信在这条路上他们会走得很远，当然，也一直会走在同龄人的前列。

李洪积*

---

* 李洪积，北京市通商律师事务所合伙人，争议解决领域专家，北京大学法学院硕士生导师，美国杜肯斯大学法学院兼职教授，中国国际经济贸易仲裁委员会、海峡两岸仲裁中心、北京仲裁委员会、上海国际仲裁中心仲裁员。

目　录

最高人民法院关于审理独立保函纠纷案件若干问题的规定

《最高人民法院关于审理独立保函纠纷案件若干问题的规定》已于 2016 年 7 月 11 日由最高人民法院审判委员会第 1688 次会议通过，现予公布，自 2016 年 12 月 1 日起施行。

最高人民法院

2016 年 11 月 18 日

法释〔2016〕24 号

最高人民法院关于
审理独立保函纠纷案件若干问题的规定

（2016 年 7 月 11 日最高人民法院审判委员会第 1688 次会议通过，
自 2016 年 12 月 1 日起施行）

为正确审理独立保函纠纷案件，切实维护当事人的合法权益，服务和保障"一带一路"建设，促进对外开放，根据《中华人民共和国民法通则》《中华人民共和国合同法》《中华人民共和国担保法》《中华人民共和国涉外民事关系法律适用法》《中华人民共和国民事诉讼法》等法律，结合审判实际，制定本规定：

【条文解读】

在国际商业实践中，独立保函系由担保人直接向受益人承诺，在其一旦

1

收到后者的索赔后将立即付款，而无需后者首先去完成向申请人的索要行为的金融产品。根据我国现行法律的规定，特别是《担保法》第十六条的规定，保证分为一般保证和连带责任保证。而不论是哪种保证方式，作为担保人都是第二性付款责任人，而被担保人才是第一性付款责任人。

也就是说，传统意义上的保函，如果是一般责任保证，则受益人（除非涉及索赔权转让，通常也是债权人）需要先向债务人追索，债务人不能偿付的，受益人才能要求担保人承担担保责任（司法实践中通常需要债权人先起诉债务人，胜诉之后债务人再不偿付的才能向担保人追索）。如果是连带责任保证的，则受益人可直接起诉担保人，但也只能是通过起诉，经过法院审理确认债务人确实没有偿还基础合同项下的债务才能最终让担保人承担担保责任。

而不同于上述的一般责任保证及连带责任保证这两种传统的担保方式，独立保函项下担保人是第一性的付款责任人，且其第一性的付款责任不允许担保人援引基础合同项下申请人能援引的针对受益人的任何抗辩。也就是说，只要受益人主观上认为债务人未能清偿债务，就可以向担保人提出索赔，而担保人必须在收到索赔函后的 5 个工作日内（新版 URDG758 中的规定）向受益人付款，而无须考虑债务人是否真的未能清偿债务。即使是债务人真的已经清偿了债务，或者有基础合同中约定的无需清偿债务的条件成就，只要受益人向担保人索赔了，即使是债务人拿着已经偿付的证据提供给担保人，担保人也必须向受益人付款。付款之后，债务人再根据基础合同的约定去和受益人打官司把钱要回来，这就是独立保函这种金融产品所谓的"先赔付，后争议"的原则。当然，独立保函也有两种担保人可以拒付的例外情况，一个是法院出具"止付令"，另一个是索赔单据中本身存在不符点，这两种情况将在下文中有单独章节进行详述，此处不再赘述。

因此，对于受益人来说，他们往往都是希望能够得到这种由银行等作为担保人承担首先付款责任的第一性之担保的。尤其是在国际工程中，强势的业主方一般都会在招标文件中要求承包商直接在投标文件中附上担保银行开具的独立保函作为投标文件之一。

但在独立保函的这个司法解释未出台之前，对于独立保函的认识在我国司法实践中是存在争议的。而担保人承担的是独立的付款责任还是附属性的付款义务，这个问题如果不在司法实践中明确，则担保人在将来面临受益人的索款时将产生严重的不确定性：到底担保人是否应该首先做到所谓的"见索即付"，还是等基础合同项下的权益义务确定之后才能确定是否付款。在这个司法解释没有出台前，即使保函中规定清楚是见索即付独立保函，在不同法院也面临着不同的认定，有些法院会依据《担保法》认为如果担保人和受益人都是境内主体，即使约定见索即付，仍然属于《担保法》规定的约定不明从而认定为连带责任保证。因为《担保法》中只规定了一般责任保证和连带责任保证，而并没有规定还有一种担保人承担第一性付款责任的独立保证。如果法院将独立保证按照连带责任保证进行了认定，首先会影响作为担保人的银行在国际上的商业信用；其次，如果是背对背的保函，境内主体之间的保函被认定是从属性的，而境内主体对外开的保函又被认定为独立性的，那么就会对背对背保函的中间方造成损失。这种情况将在下文中有单独章节进行详述，此处不再赘述。

第一条 本规定所称的独立保函，是指银行或非银行金融机构作为开立人，以书面形式向受益人出具的，同意在受益人请求付款并提交符合保函要求的单据时，向其支付特定款项或在保函最高金额内付款的承诺。

前款所称的单据，是指独立保函载明的受益人应提交的付款请求书、违约声明、第三方签发的文件、法院判决、仲裁裁决、汇票、发票等表明发生付款到期事件的书面文件。

独立保函可以依保函申请人的申请而开立，也可以依另一金融机构的指示而开立。开立人依指示开立独立保函的，可以要求指示人向其开立用以保障追偿权的独立保函。

【条文解读】

此次司法解释没有具体解释独立保函的设计原理和适用范围。当然作为法律法规也没有必要解释得那么详细，只要出现纠纷时有法可依即可。在结合条文做具体阐述之前，首先要说明的是：为什么国际商会和银行业要设计独立保函这一金融产品，其设计原理和适用范围又是什么？

首先，为什么会设计出独立保函这么一种金融产品呢？归根结底，还是规避风险的需要。

在国际贸易中，处于强势谈判地位的一方（通常是买方）总是希望避免在自己交付预付款或货款后卖方不交付货物或不提供服务的风险，为此，买方一般采用信用证这种支付手段来达到这个目的。

但在国际工程承包或者大型机器设备的国际买卖中，信用证就无法解决这种问题了。因为国际工程承包和大型机器设备买卖中，买方需要先行向卖方支付一笔预付款或者设计费，以便卖方能够组织人员、采购建筑材料或进行设计，但卖方还没有可以提供的物权凭证，因此买方无法通过信用证付款。在这种情况下，买方就想到希望卖方能够提供与预付款等额的保函作为担保，而且该保函是无需通过诉讼等争端解决方式进行判断是否应当付款的，而是买方单方主张就一定能拿回预付款的。

为了解决买方的这种需求，国际商会和银行开发出独立保函这种金融产品。独立保函的概念就是银行只处理单据，只要受益人也就是买方提交一份声明，单方面主张申请人违约即可。也就是说，受益人给担保银行发一封函件，称申请人违约，则担保银行就可以直接向受益人付款，不用审核任何基础合同项下的问题，也不用管申请人是否真的违约，这就是独立保函的设计理念，即所谓的"先赔付，后争议"。但如之前的评论中所述，各国担保法是有区别的，如我国担保法就不承认独立性担保，因此此次的司法解释乃是我国在司法实践上首次明确承认独立性担保。

其次是保函的开立人。由于之前我国独立保函基本只存在于具有涉外因素的交易中，因此保函通常是跨境保函，而保函的开立人则通常是银行或其他金融机构。在笔者之前代理的案件中，只遇到过一起是非银行金融机构开立的信用证（保函和信用证虽然一个是担保工具、一个是支付工具，但是整个结构和索赔支付方式都比较相似，现在也有用保函进行支付的情况）。而且目前越来越多的机构采取备用信用证作为保函，规则也适用 UCP600，同样可以达到独立保函的效果。因为，独立保函和信用证有两个基本的核心是一致的，就是单据化和独立性，有了这两个基本特点，保函和信用证或者备用信用证都可以达到支付和担保的效果，无论是适用 UCP600、URDG758 还是 ISP98，区别只在于交单文件的不同。

在上述提到的非银行开证的案件中，斯洛伐克的一家叫储蓄委员会的机构开立了一份信用证，根据受益人的申请由中国银行北京分行进行了转让，将部分金额转让给了第二受益人，但在转让时错将担保人写成了乌兹别克斯坦的一家通知银行。而后由于申请人主张基础合同项下和第一受益人存在货物质量纠纷，担保人斯洛伐克储蓄委员会拒绝在信用证项下付款，导致第二受益人无法收到货款。第二受益人起诉中国银行要求赔偿全部信用证项下款项。因此，当客户作为受益人接受保函或者信用证的时候，通常要建议客户一定要审查担保人的身份。要确保担保人有偿付能力和良好的信用，除知名银行外，诸如中国国际金融这种大型国企出具的保函或者信用证也是可以接受的。

但根据笔者之前的经验，即使是银行或者其他金融机构，也有可能迫于申请人的压力或者与申请人的良好关系以种种借口（基础合同项下纠纷或者不成立的不符点）进行拒付，以免影响银行和申请人之间甚至是与申请人所在的整个集团之间的合作。因此，如果客户是受益人的话，应当建议客户要求申请人开立转开的保函或者信用证，即由申请人所在国银行开立反担保函给受益人所在国银行，再由受益人所在国银行开立保函给受益人。这样的话，受益人在索赔时就可以直接从受益人所在国银行取得款项，而一旦担保行支付了款项，反担保银行则很难拒付或者止付，否则就变成了国际银行之间的纠纷。如果反过来，客户是申请人，则建议选择由申请人国家的银行直接向受益人开具保函，如果真的遭到了不当索赔，无论是去法院申请止付令还是通过交涉要求对方撤回索赔都有更多的回旋余地。

以下将以海外工程项目为例，对独立保函的分类和应用做简要的说明。

（1）投标保函

业主在发包一个项目时进行招标，为了避免投标人在中标后弃标，业主通常都会在招标文件中要求投标人在提供投标文件的同时提供一份投标保函，一旦投标人中标后又弃标的，业主即可以在投标保函项下进行索赔，用索赔所得的保函金额进行重新招标，这就是投标保函。

（2）预付款保函

假如招标人中标之后与业主方签署了施工合同，根据施工合同的约定，业主方通常会向施工方支付一定金额的预付款，供施工方组织人员和采购材料之用。但由于业主方和施工方分属不同的国家，一旦业主方支付了预付款，如果施工方违约，业主进行跨国诉讼追偿的成本过高，周期过长。于是，业主方在开标确认中标方后支付预付款前会要求施工方提供一份与预付款等额的预付款保函，用来担保预付款的采购或者人员准备的目的能够顺利实现。一旦发现施工方违约，则可以直接凭单方陈述的函件进行索赔将预付款取回，避免损失，这就是预付款保函。

（3）履约保函

通常在使用标准的 FIDIC 条款的红皮或者黄皮书的国际工程合同中会约定，在前期的设计或者采购或者人员准备的工作完成后，施工方提交了设计图纸或者发送了建筑材料后，预付款保函通常会进行减额或者直接失效。而后用来保证施工方在合同履行阶段不会发生违约的是履约保函。履约保函的开立时间通常和预付款保函是同时的，一般是在签署正式的施工合同后 10 或 15 个工作日。履约保函的担保金额和预付款的担保金额一般也是相近的，通常都是合同总金额的 10% 到 15%。

履约保函的担保期限通常会比较久，基本会覆盖整个合同的履行期间。因此，大多数的保函纠纷集中在履约保函上，通常是履约保函的担保期限即将届满（一般施工方大多不太愿意出具敞口保函，多少会有一个担保期间的），但基础合同基于种种原因还没有履行完毕。这种情况下，业主一般会要求施工方展期，但施工方有些情况下，认为导致项目未能如期完工的原因并不在自己一方，而不愿意无限期地展期。在这种情况下，业主一般就会直接索赔保函。当然，也存在业主认为因承包商在履约过程中存在违约，如违法分包、转包、延期履行等情况，从而直接索赔要求赔偿保函项下金额的。

（4）质保保函

质保保函，顾名思义是为了确保货物或者工程质量而开立的保函。通常是在工程中由承包商一方或者在买卖合同中由供货商一方提供。通常情况下，质保保函出现纠纷的几率较小，因为，一般质保保函的年限较长，一般是作为质保保证金的替代物之用，一般来讲，用到质保保函的时候都是合同已经履行完毕，工程建造结束并已交付使用，当事人双方关系相处融洽，所以纠纷的发生概率就很小。而且在实践中，很多中国公司都把质保保函直接放弃了，理由很简单，因为之前的国际工程项目中质保金也拿不回来。因此，只有在很少的情况下，才会因为质保保函发生争议。在笔者代理过的三十多个保函案件中，质保保函的案件就只有万桥兴业一个。

一般的独立保函文本，包括国际商会的示范文本通常都是要求受益人在索赔时提供一份付款申请和声明，在声明中要写明声称申请人在基础合同项下违反了合同义务，以及违反合同义务的具体方面。URDG758后来在做更新的时候也将前述的索赔要求写进了正文中。原文是：

"第15条 索赔要求

a. 保函项下的索赔，应由保函所指明的其他单据所支持，并且在任何情况下均应辅之以一份受益人声明，表明申请人在哪些方面违反了基础关系项下的义务。该声明可以在索赔书中做出，也可以在一份单独签署的随附于该索赔书的单据中做出，或在一份单独签署的指明该索赔书的单据中做出。"

通常来讲，独立保函的文本中几乎不可能出现索赔单据包括第三方签发的文件、法院判决、仲裁裁决这几种情况。因为，独立保函的设计原理就是"先赔付，后争议"，如果索赔需要提交前述几种文件，则独立保函的便利性就无法保证，也就丧失了开具独立保函的意义。如果交单文件中要求了前述文件，甚至是要求提供申请人自己签署的某些文件，比如装运港的验货证明等，这种保函或者信用证我们称之为"红条款信用证"或"红条款保函"，也就是说丧失了见索即付的独立性和单据化的特点，徒有其形而无其神。

此外，本条第三款实际指的就是担保函和反担保函这两种情况。此前中国企业做海外工程或者国际货物买卖时所提供的保函通常是由国内银行直接开出给境外业主的担保函。但由于保函止付案件频发，近年来国际工程或中国向国外出口大型设备的合同中，因为业主和采购方占据优势地位，其通常要求供货商或承包商提供转开保函，也就是说，承包商需要从国内找一家银行开一个反担保函给境外业主所在地的一家当地银行，再由当地银行开保函给业主。这种情况下，一旦业主向当地银行索赔，当地银行通常会第一时间向业主支付保函项下款项。

但是目前也有越来越多的止付反担保函的案件出现，比如笔者之前代理的成都华川进出口公司的案件和北京建工集团的案件。但这种案件难度更大，因为国内银行通常会考虑到同业之间的压力，要求企业对外付款。

【相关案例】

招商银行股份有限公司成都科华路支行与成都华川进出口集团有限公司、第三人华川格鲁吉亚有限公司保函纠纷

[中国最高人民法院（2014）民申字第2078号民事裁定书]

该案中，招行科华支行申请再审的主要理由是：（1）华川格鲁吉亚公司是由华川进出口公司投资成立，该公司为华川进出口公司索赔出具违约证明，是自己给自己作证。（2）华川进出口公司没有提交与保函条款及URDG758相一致的单据。例如保函责任仅限于预付款的使用，实际付款日期迟于合同约定日期，违约证明使用的语言与保函不一致等。（3）华川进出口公司在工程已经竣工交付的情况下称华西建设公司未能正确忠实地履行合同约定义务、未能安排足够的人力实施工程，是欺诈索赔。（4）本案应当适用《联合国独立保证与备用信用证公约》等。

法院认为招行科华支行向华川进出口公司出具了《工程预付款保函》，从内容上看，招行科华支行的责任包括保证承包人将为工程目的使用预付款及承担预付款金额限额内的保证责任两个方面。因此，《工程预付款保函》是招行科华支行为华西建设公司提供的履约担保，而并非仅针对预付款的使用，招行科华支行主张《工程预付款保函》仅限于保证承包人为工程目的使用预付款的理由不能成立。

在法律适用方面，法院认为保函载明适用我国法律，因此中华人民共和国法律是处理本案的准据法。而招行科华支行认为应当适用《联合国独立保证与备用信用证公约》的理由不能成立。因为本案合同当事人之间并未约定适用国际商会758号出版物《见索即付保函统一规则》来处理合同争议。并且，在原审法院审理过程中，招行科华支行也认为不能适用《见索即付保函统一规则》，而原审法院亦未援引该规则作为裁判依据。

在实际付款日期迟于合同约定日期方面，法院认为虽然当事人2011年12月21日签订的《协议书》约定，预付款应当在合同签订后一周内支付。但招行科华支行《工程预付款保函》的出具日期是2011年12月29日，其内容表明，招行科华支行当时知晓华川进出口公司"将按合同要求向承包人提供金额为人民币壹仟伍佰万元整的预付款"，即该行是在明知预付款尚未支付的情况下出具了该保函。对于预付款的支付日期，保函没有进行限定。因此招行科华支行以华川进出口公司未能在合同签订日后一周内支付预付款作为拒付的理由，缺乏事实依据。

在是否构成保函欺诈方面，法院认为华川格鲁吉亚公司出具的违约证明、我国驻格鲁吉亚大使馆经济商务参赞处出具的《关于格鲁吉亚司法大楼项目最新进展事宜》，均可以证明案涉工程存在承包方人力不足、很难按时完工，导致项目业主直接参与工程施工的情形，并且案涉工程实际上也未按《协议书》约定的日期完工。因此华川进出口公司提交的违约证明符合保函约定的支付条件，有事实依据。此外，华川格鲁吉亚公司和华川进出口公司是相互独立的法人单位，不存在自我作证的问题。因此本案不构成欺诈。

在保函语言使用方面，法院认为案涉保函没有约定违约证明应当使用的语言文字，相关证明使用英文不违反保函约定的支付条件。招行科华支行所称的《协议书》合同条款第38.3条约定的是"发包人配合范围"，故其主张管理、施工能力、施工进度等问题按照合同约定均属应由华川进出口公司承担的责任，没有事实依据。

基于上述事实与理由，法院认为招行科华支行申请再审的理由不能成立，驳回招商银行股份有限公司成都科华路支行的再审申请。

第二条　本规定所称的独立保函纠纷，是指在独立保函的开立、撤销、修改、转让、付款、追偿等环节产生的纠纷。

【条文解读】

通常情况下笔者所代理的独立保函纠纷是发生在索赔付款的环节。但为了减少后期索赔环节的纠纷，如果存在和受益人/申请人一方议价的空间，那么在保函开立的环节聘请律师根据具体需求代为草拟保函文本是提前规避此类风险的最好选择。笔者在十年的执业过程中，见过的最好的保函版本是在代理一家央企在菲律宾做一个火电站项目中，代表业主方的对方律师提供的履约保函版本。其实保函版本没有好坏之分，因为代表不同利益方的律师必然要代表自己的当事人草拟对自己当事人最有利的版本。但是在菲律宾火电站的这个海外工程的项目里，作为业主方其实是资金方黑石公司的律师提供的保函版本我个人认为是对业主（受益人）、承包商（申请人）和担保银行三者的利益最为均衡的一个保函版本，而不是通常的受益人一方特别强势，保函条款规定只要受益人认为申请人违约就可以索赔，而且无论任何情况下担保银行都必须付款。

在黑石的这份保函中，有以下几个条款，平衡了各方的利益，也使得这份保函我认为能够起到一个"定分止争"的效果，因为有了这几个条款，受益人无法在没有损失的情况下进行索赔甚至无法超过其损失进行额外索赔，而一旦索赔，申请人也没有理由进行止付，担保银行更没有可能进行拒付。

1. 将索赔分类

在该份保函版本中，将索赔分成了三类，一类是迟延交付违约金索赔，火电站的移交工作如果比合同约定的时间移交得晚，业主可以按照合同约定的违约金进行索赔，而且规定了每月的30号可以索赔当月的（如果迟延移交超过了一个月）。不管保函总金额是多少，比如我们那个案子里保函总金额是将近10亿人民币，但就迟延交付的问题，业主并不是一次就可以索赔全额，而只能根据实际迟延交付的天数，分月进行多次索赔，一旦交付了，则就不能再行索赔了。第二类是指标的索赔，即将火电站交付时的检验结果和合同约定的标准指标进行比较，如果有指标不达标，则受益人可以根据不达标的指标的比率进行索赔，索赔的金额是按照不达标的指标金额进行计算的。第三类是兜底性条款，其他索赔。

2. 索赔函的确定

很多保函的索赔纠纷的产生都是由于索赔函中的措辞导致的，包括很多的止付案件的争议焦点都在于保函索赔中的措辞是否真实或者是否超出了实际的情况，构成了虚假陈述。而在黑石的这份保函中，索赔函的格式是作为附件附在保函后边，并且该索赔函也是按照上文的索赔分类进行了不同的分类。由于该索赔函是申请人、担保银行、受益人三方确认的版本，因此就避免了之后在索赔过程中对于索赔函措辞的争议。

3. 仲裁前置条款

仲裁前置条款多见于造船保函中，原因在于海商海事制度下造船通常是定制的，一旦船主弃船，再索赔保函的话，造船厂很可能要血本无归，再承担上巨额债务，立即就会破产。因此保函所谓的先赔付，后争议的原则无法保护船厂的利益。因为，一旦保函被索赔，造成船厂破产，或者即使不破产，也无力再去和船主方花费大额律师费打官司了。类似的仲裁前置条款的措

辞为 "HOWEVER,IN THE EVENT OF ANY DISPUTE BETWEEN YOU AND THE SELLER IN RELATION TO:

(1) WHETHER THE SELLER SHALL BE LIABLE TO REPAY THE INSTALMENT OR INSTALMENTS PAID BY YOU, AND

(2) CONSEQUENTLY WHETHER YOU SHALL HAVE THE RIGHT TO DEMAND PAYMENT FROM US,

AND SUCH DISPUTE IS SUBMITTED EITHER BY THE SELLER OR BY YOU FOR ARBITRATION IN ACCORDANCE WITH ARTICLE XIII OF THE CONTRACT, OR FOR APPEAL OR APPEALS IN ACCORDANCE WITH THE ENGLISH LAW, WE SHALL BE ENTITLED TO WITHHOLD AND DEFER PAYMENT UNTIL THE ARBITRATION AWARD OR JUDGEMENT IS PUBLISHED."

第三条 保函具有下列情形之一，当事人主张保函性质为独立保函的，人民法院应予支持，但保函未载明据以付款的单据和最高金额的除外：

（一）保函载明见索即付；

（二）保函载明适用国际商会《见索即付保函统一规则》等独立保函交易示范规则；

（三）根据保函文本内容，开立人的付款义务独立于基础交易关系及保函申请法律关系，其仅承担相符交单的付款责任。

当事人以独立保函记载了对应的基础交易为由，主张该保函性质为一般保证或连带保证的，人民法院不予支持。

当事人主张独立保函适用《担保法》关于一般保证或连带保证规定的，人民法院不予支持。

【条文解读】

根据此条规定，中国法项下的独立保函的统一特征是：一是要有据以付款的单据；二是需要有上限而不能是敞口保函。第一点是国际惯例中的通行做法，也是见索即付独立保函的特征之一。而第二点其实在各个国家是不一样的，有些国家比如印度，政府的基建项目就要求开出的保函必须是敞口保函。不过不能敞口对主要作为承包商方面的我国来讲是有利的。

另外从该条的字面意思来看，三个条件中只要符合其中一个就可以认定是独立保函。也就是说，只要保函文本上写了见索即付或适用 URDG①，或保函内容显示担保行的付款义务独立于基础交易和保函开立申请关系，而只是审单付款，那么就可以认定保函的独立性。而如果保函记载了基础交易，也不影响保函的独立性。

然而当保函中既写明了见索即付又写明了承担连带或者一般保证责任的，争议往往就在这时候产生了。但是此次的司法解释没有就这个问题予以明确。产生这种情况的原因就在于，申请人有时候在交易的时候往往也不清楚到底哪种保函对其最有利，是独立的还是连带的，有些时候，其认为连带责任保证是多了一个担保人，因此是更有利的。但是又觉得独立担保有好处，所以就在保函中既写了见索即付又写了连带责任保证。依笔者之见，此类情况须根据个案做具体分析，即到底当事人当时的原意是什么，要结合其他相关文件和整个交易结构来进行分析。

第四条 独立保函的开立时间为开立人发出独立保函的时间。

独立保函一经开立即生效，但独立保函载明生效日期或事件的除外。

独立保函未载明可撤销，当事人主张独立保函开立后不可撤销的，人民法院应予支持。

【条文解读】

从法理上来讲，独立保函是一个单方的附条件付款承诺，无论受益人是

---

①URDG，《见索即付保函统一规则》英文简称，由国际商会出版，先后有 URDG458 和 URDG758 等版本，分别是国际商会第 458 号出版物和国际商会第 758 号出版物。

否接受，担保人都必须承担担保责任。因此，以发出日为开立日，同时一经开立即生效的规定是合理的。

另一个值得注意的问题是保函的生效条件，笔者此前代理的上海美特幕墙案件中，争议焦点就在于保函是否已经生效了。案件的主要背景是上海美特幕墙公司给迪拜的迪拜塔供给玻璃幕墙，而后由于迪拜塔资金紧张，工程难以为继。故业主方要求中止供货，在中方拒绝之后，业主方采取了索赔保函的做法。而后作为担保人的建设银行在收到业主方的索赔函后告知申请人，称准备对外赔付。申请人向建行表示请求不要对外赔付，理由之一就是该保函自始还没有生效。原因在于，该保函中有一个生效条款，即在某个指定日期之前业主方将等额预付款3亿多人民币打入某个指定账号内之时保函方才生效。而后，业主方在支付预付款的过程中比指定日期晚了一天支付的预付款，但申请人和建设银行均没有对预付款的付款日期提出过异议，直到半年多后出现争议受益人索赔，申请人方才提出这个问题。而在申请人提出后建设银行并不认为保函没有生效，在申请人正式发出律师函之后建设银行仍然对外赔付了保函项下的款项，而后直接扣划了申请人在建设银行的保证金并在保证金不足的情况下垫付了部分资金。

之后建设银行起诉了申请人上海美特幕墙公司，要求赔偿其垫付的资金和利息等。该案件经上海二中院一审、上海高院二审、最高法院再审，最终最高法院维持了二审和一审的判决，认为独立保函的审单责任在于担保银行。担保银行有独立的审单责任和权利，无需经过任何人包括申请人的同意。笔者认为，三级法院的这个说法是合理的，唯一有权判断是否要对外付款的肯定是担保银行而不是申请人或别的什么人。但是就美特幕墙这个案子而言，需要判断的并不是是否存在应当对外付款的不符点，而是保函是否已生效。最高法院认为，保函是受益人和担保银行之间的合同，因此要由合同当事方对合同是否生效进行判断。而笔者认为，保函是合同是没问题的，虽然保函上只有担保银行一方的签章，但实际上保函文本上的每一个字都是申请人、受益人和担保银行三方的合意。以国际工程为例，业主即受益人在招标文件中都会附有保函的格式文本，而投标方即申请人将根据自身情况对保函文本进行修改，附在投标文件中一起交给业主方。中标之后，申请人就会申请银行按照之前商定好的保函文本开出保函。其实在整个过程中，银行只是按照申请人的意思表示开出保函而已，真正保函文本中体现的是受益人、申请人的合意。当然，银行是有审单的独立性，可以独立判断不符点是否成立。但是笔者认为保函是否成立不属于银行独立判断的范围，而应该由法院进行判断。该案件中笔者也认为保函是有效的，但原因在于整个交易过程中，并没有人对于预付款的支付时间提出异议，而且申请人也已经将预付款花费了。交易正常进行了大半年，现在申请人主张保函未生效，等于整个交易是处在一个对受益人极端不利的情况下一直进行，而申请人明知却一直不予言明。笔者认为一是基于公平原则，保函不应无效；二是双方已经通过行为更改了之前的合意。

此外，独立保函一定要以不可撤销为原则，可撤销为例外，因为保函通常是作为一个长达数年的工程或交易的担保存在的。一旦被撤销或者失效，整个交易将陷入无法继续履行的地步，会给一方或双方都带来难以估量的损失。

【相关案例】

中国建设银行股份有限公司上海闸北支行、中国建设银行股份有限公司上海市分行诉被告上海美特幕墙有限公司、上海华联天脉涂镀钢板有限公司担保追偿权纠纷①

[上海市高级人民法院（2011）沪高民五（商）终字第 23 号民事判决书]

该案的争议焦点之一是涉案的反担保函是否生效。一审法院认为，《出具保函协议》约定闸北支行有权独立判断反担保函受益人的索赔要求是否符合反担保函的约定，对外赔付无须事先征得某公司的同意。根据前述约定，闸北支行已获得授权可自行判断索赔要求并确定是否支付。因此，反担保函生

① 本案经过上海市第二中级人民法院一审、上海市高级人民法院二审以及最高人民法院再审，一审、二审、再审的案号分别为（2011）沪二中民六（商）初字第 5 号民事判决、（2011）沪高民五（商）终字第 23 号民事判决。

效与否乃是闸北支行判断索赔要求的题中之意。《出具保函协议》并未排斥闸北支行不能独立判断反担保函的效力，原因是闸北支行自身就是反担保函的开立人，除非当事人之间另有约定，其完全有权对此进行独立判断。基于此种理由，法院未采信闸北支行的将独立判断权限定在反担保函生效后才能成立的意见。

在该案中，存在外方预付款迟延支付至境内的情况。该情况的确与反担保函约定的生效条件不相符。对此一审法院认为，作为反担保函的当事人，闸北支行并未对迟延支付预付款的情形提出异议。作为闸北支行的保函申请人，美特幕墙公司既没有拒绝收款或退款，也没有对此提出异议，而是就此使用了外方的预付款。而直至外方银行提出索赔后，某公司才提及反担保函未生效之事，至此时间已长达一年半。根据基础合同关系中美特幕墙公司的履行行为，可以推定预付款到账迟延并未对该公司造成实质性负面影响，从而也不应对反担保函的生效产生实际影响。此外，一审法院还认为除非有国家强制力干预，否则对反担保函的生效与履行，应该只取决于反担保函当事人的意志。虽然某公司在答辩中亦提及《见索即付保函统一规则》(URDG458)对保函生效问题的相关规定，认为只要约定了生效条件，除非以书面形式修改，否则该保函不生效。但一审法院认为上述规则属于国际惯例，并非强制性规定。如果保函双方当事人以其他方式一致认可且没有任何争议，该保函的相应修改同样应得到确认。因此，一审法院最终认定在本案中预付款的迟延支付并不影响反担保函的生效。其论证的核心正是笔者前文所阐述的：双方已经通过行为更改了之前的合意，即双方在预付款的支付、使用过程中未曾有过异议的表现，改变了关于预付款的付款期限的约定。

二审期间，关于案涉反担保函是否生效的问题，二审法院认为无论是《出具保函协议》还是《最高额保证合同》均系当事人双方的真实意思表示，合法有效。而由上海支行依约出具的反担保函，根据见索即付独立保函的独立性原则，该反担保函既独立于基础交易，也独立于《出具保函协议》，并构成某行上海支行和受益人外方银行之间的第一性承诺。保函从法律性质上而言属于合同，合同关系的设立、变更及终止应当取决于合同当事人的意志。系争保函的当事人为上海支行及外方银行，因此对于系争保函是否生效应当由合同当事人上海支行与外方银行进行判断，而上海支行与外方银行对系争保函已经生效并无异议。并且《出具保函协议》第四条亦明确约定：银行对于系争保函具有独立判断权，银行对外赔付，无须事先征得公司同意，公司亦承诺不提任何异议。因此二审法院最终没有采信上诉人关于系争保函未生效的主张。

第五条 独立保函载明适用《见索即付保函统一规则》等独立保函交易示范规则，或开立人和受益人在一审法庭辩论终结前一致援引的，人民法院应当认定交易示范规则的内容构成独立保函条款的组成部分。

不具有前款情形，当事人主张独立保函适用相关交易示范规则的，人民法院不予支持。

【条文解读】

根据该条款，对于 URDG 的效力，只有在保函中载明 URDG 或者申请人和受益人双方一致同意援引的情况下，才会产生类似于提单背面条款的并入效果。而没有这两种情况的，则不产生前述效果。

也就是说，保函的司法解释没有延续信用证司法解释的做法，将 UCP[1] 作为国际惯例直接作为法律规定，而是将 URDG 作为一个当事人约定事项。只有在双方事先约定或者事后达成合意的情况下，才会适用，亦即 URDG 只是 rule，而非 law。笔者认为这是一种进步的做法，因为 URDG 和 UCP 都处于不停更新的状态，尽管国际商会的规则的权威性和合理性在国际上受到比较广泛的认可，但是中国作为一个拥有司法主权的独立国家，不宜将一个由外国人制定的、处于不断更新的状态下的规则直接以司法解释的形式确定为法律规定。

---

① UCP，《跟单信用证统一惯例》的英文简称，由国际商会出版，先后有 UCP500、UCP600 等版本，分别是国际商会第 500 号出版物和第 600 号出版物。

【相关法条】

《最高人民法院关于审理信用证纠纷案件若干问题的规定》法释〔2005〕
13号

第二条　人民法院审理信用证纠纷案件时，当事人约定适用相关国际惯
例或者其他规定的，从其约定；当事人没有约定的，适用国际商会《跟单信
用证统一惯例》或者其他相关国际惯例。

【相关案例】

**龙口市东海贸易有限公司与必和必拓销售公司、第三人上海浦东发展银
行济南分行保函欺诈纠纷**

[山东省高级人民法院（2008）鲁民四终字第26号民事判决书]

本案中，在关于URDG458规则与准据法的适用方面，一审法院认为该
案见索即付保函选择使用URDG458，而根据该规则第一条的规定，在该规则
各条款未被保函条款明确排除适用的情况下，约定适用该规则是保函项下各
方当事人的真实意思表示，不违反中国法律规定，因此该规则应在该案中得
到适用，且各方当事人均应受该规则的约束。此外，该规则第二十七条还规
定"除非在保函或反担保函中另有规定，保函的适用法律将是担保人或指示
方（如有指示方时）营业所在地的法律，或者，如果担保人或指示方有数处
营业场所时，其适用法律为开出保函或反担保函的分支机构所在地的法律"，
鉴于该案担保人浦发银行的营业所在地在中华人民共和国领域内，因此该案
适用的准据法应为中华人民共和国法律。二审期间，二审法院在URDG458
规则与准据法的适用问题上坚持了与一审法院一致的观点。

除此之外，本案的另一焦点为本案是否应当以伦敦国际仲裁法院的裁决
结果为依据而中止审理，换言之在伦敦国际仲裁法院对案涉争议进行裁决的
情况下，中国法院是否有权对该案进行审理。对此，一审法院认为，基础交
易和见索即付保函交易是相互独立的交易，诚然，一般情况下，在审理见索
即付保函纠纷时法院不应涉及基础合同的履约问题，然而鉴于本案审理的是

受益人在索赔过程中是否存在欺诈的情形，以及是否提供司法救济的问题。因此，法院有权也必须超越见索即付保函的独立性原则，去审查整个案件的事实，包括保函交易和基础交易本身的履行情况等，以此来印证保函受益人在索赔声明中的陈述与实际情况是否相符，并认定保函受益人在书面索赔声明中是否存在虚假的陈述，进而是否构成欺诈。在一审法院看来，保函独立性原则的"欺诈例外"本身就是对保函独立性原则在欺诈情况下的根本否定。

因此，一审法院依据"欺诈例外"原则而对基础合同的履行情况进行审查认定与伦敦国际仲裁院对基础交易项下的事实认定，是完全不同的两个司法管辖权主体因适用不同的准据法做出的裁判。根据《中华人民共和国民事诉讼法》第一百三十六条第一款（五）项关于中止诉讼的情形"本案必须以另一案的审理结果为依据，而另一案尚未审结的"之规定，应适用于中国法院依据中华人民共和国法律所审理的案件。因此被告主张本案应以伦敦国际仲裁院对 T229 合同争议做出的裁决结果为依据，不适用此规定，其申请原审法院中止审理本案的理由不能成立。二审期间，二审法院再次明确认定本案与伦敦国际仲裁院受理的仲裁案系两个在不同国家受理的不同性质的案件，涉及不同的法律关系，适用法律不同，且原告亦并非伦敦国际仲裁院受理的仲裁案的当事人，即使伦敦国际仲裁院做出裁决，也不可能裁决原告是否违约。因此，本案的审理并不需要以伦敦国际仲裁院受理的仲裁案的审理结果为依据。

本案的争议核心为被告的索款书面函中是否存在虚构原告违约的事实，进而是否构成欺诈性索赔。一审法院认为，在被告的索款书面函中，被告既未明确原告违约的具体方面，也未陈述被告遭受 400 万美元损失的具体事项，从而在形式上不符合 URDG458 第二十条的规定。经原审法院对原告提交的传真、电子邮件等有关证据材料审查后认为，原告在履行 T229 合同过程中，并无违反合同约定之处。而被告的索赔声明仅表明其在见索即付保函的有效期内主张了权利，但在没有经过有管辖权的解决争议机构以法律文书的形式予以确认的情况下，并不能确定原告在 T229 合同项下存在违约。因此一审法院认为被告在没有任何证据证明原告违约的情况下，为了在有效期内行使索赔权或为了获取保函项下的保证金，不当行使索赔，向银行做出虚假陈述，违反了诚实信用原则，其索赔行为已构成欺诈，应认定为无效。

二审期间，二审法院认为原告仅系铝业公司的代理人，其没有购买货物的合同义务，因此原告不可能违反关于进口100000吨砂状冶金级氧化铝合同约定。并且，在因T229合同履行争议而在伦敦提起的仲裁案中，被告亦未将原告列为当事人。被告二审称原告提交给一审法院的英国律师就T229合同履行仲裁案出具的法律意见书第4.5.1.3条亦表明："我们基本没有可能搜集到足够的证据证明必和必拓在保函项下要求支付的行为，属于英国法上的欺诈行为。"以此可以证明被告不存在欺诈索赔。对此二审法院认为该法律意见书并未涉及原告在T229合同是否存在违约的问题，并且该法律意见书的分析判断是建立在适用英国法的基础之上的，不能作为证明被告不存在欺诈索赔的依据。

第六条 受益人提交的单据与独立保函条款之间、单据与单据之间表面相符，受益人请求开立人依据独立保函承担付款责任的，人民法院应予支持。

开立人以基础交易关系或独立保函申请关系对付款义务提出抗辩的，人民法院不予支持，但有本规定第十二条情形的除外。

【条文解读】

本条解释明确了独立保函的两个基本原则，即单据化原则和独立性原则。其实这两个原则与信用证是一致的。单据化原则指的是银行在付款时只审核受益人提交的单据本身，只要单据与保函的要求相符，且提交的各种单据之间不存在矛盾，银行就必须履行付款义务。当然，具体的审单标准国际商会有个专门的规则即ISBP进行了详细的规定，有兴趣的朋友可以买一本自己看看，银行专门从事国际结算这块业务的人员称为审单员，是有专业考评的。

独立性原则，指的是保函法律关系是一个单独的法律关系，是独立于基础合同法律关系之外存在的。传统意义上的担保，是一种从属性法律关系，是从属于基础合同而存在的。如果基础合同因法定事由无效，担保合同也随之无效。而独立保函则不同，其是独立于基础合同而存在的，即使基础合同无效，也不会影响独立保函的效力。也就是说，即使有法院判决认定基础合同无效，一旦受益人在保函项下索赔，担保银行依然要对外付款。

之所以要确定这两个原则，在于如果要做到见索即付，那就需要银行能够独立判断。银行是没有能力介入基础交易，并对是否违约进行判断的。银行能够进行判断的只能是基于单据，根据自己的审单标准进行判断，然后独立做出是否对外付款的决定。如果不赋予银行独立性权利的话，那么见索即付就不可能实现，保函和信用证这套规则的目的也就无法实现。

第七条 人民法院在认定是否构成表面相符时，应当根据独立保函载明的审单标准进行审查；独立保函未载明的，可以参照适用国际商会确定的相关审单标准。

单据与独立保函条款之间、单据与单据之间表面上不完全一致，但并不导致相互之间产生歧义的，人民法院应当认定构成表面相符。

【条文解读】

从第七条解释来看，保函的审单标准和信用证也是一致的，还是参照 ISBP① 来确定的，可能是最高院考虑到审单标准比较复杂，无法通过简单的司法解释进行规定，所以规定参照 ISBP 来认定。实际上，大多数标准的保函，由于业主方的强势地位，通常要求的交单文件极其简单，一般多为一份受益人陈述（beneficiary's statement）。目的在于，无需经过审单即可得到付款，其实保函制度设立的初衷正在于此。但随着保函业务的发展，在有些时候，基于某种目的，保函项下的交单文件也会包括一些信用证项下常见的单据。这

---

① ISBP，《关于审核跟单信用证项下单据的国际标准银行实务》的英文简称，由国际商会出版，先后有 ISBP645 和 ISBP745 版本，即国际商会第 645 号出版物和第 745 号出版物。

种时候就涉及审单的问题，笔者两年前在杭州中院就代理过这样一个案例。

该案中，保函的申请人是浙江高科，是义乌的一家公司，保函的开立人是工商银行浙江分行（四大银行通常涉外保函业务的权限都在省级分行，实际业务是义乌分行做的），受益人是韩国的现代重工。保函文本中约定，索赔文件包括空白指示的清洁海运提单在内的五份文件。但实际在受益人索赔的时候提交的是记名清洁海运提单，而担保银行经审单后发出拒付电文，称索赔存在三个不符点：（1）提单并非保函要求的空白指示提单；（2）提单附页未提供；（3）装箱单与提单上所载的货物数量不一致。关键在于第一点。而后受益人现代重工在杭州中院起诉了担保银行浙江工行，声称不符点不成立，要求浙江工行全额赔付保函项下的款项。之后原被告双方分别聘请了法律专家出具了专家意见，以论证空白指示提单和记名提单之间的区别。最终法院判决不符点成立，驳回了原告的起诉。一审杭州中院和二审浙江高院的判决均援引了 ISBP 对于相符交单的定义：

"保函项下的相符交单，是指所提交单据及其内容，首先，与该保函的条款和条件相符，其次，与该保函条款和条件一致的本规则有关内容相符，最后在保函及本规则均无相关规定的情况下，与见索即付保函国际标准实务相符。"

"Complying presentation under a guarantee means a presentation that is in accordance with, first, the terms and conditions of the guarantee, second, these rules so far as consistent with those terms and conditions and, third, in the absence a relevant provision in the guarantee or these rules, international standard guarantee practice."

由此可见，在司法实务中其实已经适用了国际商会的审单标准。

【相关案例】

现代重工有限公司与中国工商银行股份有限公司浙江省分行保证合同
纠纷

[浙江省高级人民法院（2016）浙民终 157 号民事判决书]

本案的争议焦点为银行对不符点的认定是否成立。一审法院将国际商会758号规则第2条定义指出的"相符索赔是指满足相符交单要求的索赔；相符交单指所提交的单据及其内容首先与该保函条款和条件相符，其次与该保函条款和条件一致的本规则有关内容相符，最后在保函及本规则均无相关规定的情况下与见索即付保函国际标准实务相符"作为认定不符点的判断标准。在本案中，银行出具的保函列明了五个单据条件，分别为（1）凭指示的标注运费到付通知人为申请人的清洁海运提单副本；（2）经签署的装箱单副本三份；（3）经签署的商业发票副本三份；（4）原产地证书；（5）车间测试报告。而根据国际商会758号规则第19条a款的规则，担保人即银行在审查受益人是否相符交单时"担保人应仅基于交单本身确定其是否构成表面相符交单。"b款"保函所要求的单据的内容应结合该单据本身、保函和本规则进行审核。单据的内容无须与该单据的其他内容、其他要求的单据或保函中的内容等同一致，但不得矛盾。"

一审法院根据现代公司的交单情况，认为该公司提供的是记名提单，并非保函条款第1项中的指示提单。同时，第2项单据装箱单反映的货物件数与提单反映的件数亦不一致。据此一审法院认为单据的内容与保函内容、单据的内容与其他要求的单据存在不符点。该公司关于保函条款中要求提供指示提单并无实际意义主张，一审法院未予采信。理由是保函条款和条件系经申请人要求，受益人亦予以接受，对各方均有约束力，正如笔者前文所述，保函的本质是合同，虽然保函上只有担保银行一方的签章，但实际上保函文本上的每一个字都是申请人、受益人和担保银行三方的合意，自然对各方均有拘束力。

一审法院根据国际商会758号规则进一步认为，担保人的审单首先应严格遵循保函的条款和条件，在保函条款和条件明确清晰的情况下，担保人仅需考虑单据与保函条款条件是否表面相符即可，但是指示提单与记名提单在国际贸易中属两种不同类型的提单，其存在的差异是明显和确定的。此外，现代公司关于该约定是否有实际意义的主张是基于基础合同的履行而做出的，但基础合同的履行情况并不是担保人审单时所需考虑的因素。一审法院据此认定在本案中并不能依据基础合同的履行情况来得出单据与保函条款条件已构成表面相符的结论。

第八条 开立人有独立审查单据的权利与义务，有权自行决定单据与独立保函条款之间、单据与单据之间是否表面相符，并自行决定接受或拒绝接受不符点。

开立人已向受益人明确表示接受不符点，受益人请求开立人承担付款责任的，人民法院应予支持。

开立人拒绝接受不符点，受益人以保函申请人已接受不符点为由请求开立人承担付款责任的，人民法院不予支持。

【条文解读】

在司法实践中，开立人也就是担保银行一般在收到索赔电文后都会告知保函申请人并征求申请人的意见。在开立人认为可能存在不符点的情况下，如果申请人同意接受不符点，则开立人会要求申请人出具接受不符点的书面文件。在得到申请人的书面承诺后，开立人才有可能对外接受不符点，否则开立人是没有任何理由自行接受不符点的。但是反过来说，即使申请人接受了不符点，开立人依然可以自行决定不接受不符点，但通常开立人也没有必要这么做，因为其支付的款项并非来源于自有资金，在必要的情况下要求申请人补足保证金即可。

但是也存在例外情况，比如申请人之前是一个大公司，在银行有很高的授信额度，可能开保函的时候银行就没有要求其提供保证金，或者只提供了很少的保证金，其他的用授信了。但是到索赔的时候，该申请人出现了经营问题，濒临破产，银行一旦对外付款之后无法从申请人处追索回该笔款项，在这种时候，如果保函金额比较巨大，银行方面则有动力自行寻找不符点或者其他的止付理由。当然，如果银行考虑其国际信誉的话，对外付款的可能性还是比较大的。

第九条 开立人依据独立保函付款后向保函申请人追偿的，人民法院应予支持，但受益人提交的单据存在不符点的除外。

【条文解读】

通常情况下，开立人通常会在付款前要求保函申请人支付全额保证金，甚至有些开立人会要求资信情况一般的申请人在保函开立前或者至多在对方索赔后就立即补足全额保证金。因此，开立人向申请人追偿的这种案件出现得还是比较少的。但也有比如申请人经营不善，已经濒临破产的情况，开立人很有可能在对外赔付后无法取得清偿。这种情况在笔者代理的案件中曾出现过几次，在这种情况下，开立人通常会严格审查保函项下的交单文件，如能找出不符点拒付对开立人是最有利的。

总而言之，无论保函还是信用证都只是整个交易中的一个担保或者付款工具而已。如果保函或者信用证项下的索赔被拒付，其实并不影响受益人作为债权人的地位，受益人依然可以根据基础合同向保函申请人要求付款。如果申请人拒绝付款，则受益人可以根据基础合同项下的管辖权约定提起仲裁或者诉讼，要求申请人付款。

因此，笔者认为，比较合理的保函文本应该设置仲裁前置条款。通常造船保函中会有仲裁前置条款，即在保函中约定，如果受益人索赔保函后，申请人可以在保函约定的付款期内根据基础合同约定提起仲裁或者诉讼，一旦提起基础合同项下的纠纷解决之诉，开立人自动中止保函项下付款，等待基础合同项下的裁决或者判决，根据裁判文书对外赔付或者拒付。

以下是笔者之前代理的一个案件中保函的仲裁前置条款的约定：

"However, in the event of any dispute between you and the seller in relation to whether the seller shall be liable to repay the instalment or instalments paid by you, and consequently whether you shall have the right to demand payment from us, and such dispute is submitted either by the seller or by you for arbitration in accordance with article xiii of the contract, or for appeal or appeals in accordance with the English law, we shall be entitled to withhold and defer payment until the arbitration award or judgement is published."

该"仲裁前置"条款明确约定，如买卖双方就（1）卖方是否有责任向买方偿还预付款，和（2）相应的，买方是否有权向我行索款发生纠纷，且任何一方已经将这一纠纷根据基础合同第 13 条申请仲裁或（一方不满前述仲裁程序的裁决结果）根据英国法提起上诉，我行将有权推迟承担题述保函项下的付款责任，直至仲裁裁决或法院判决做出之日。

虽然看起来没有这样的仲裁前置条款似乎对业主更有利一些，但是实际上如果保函及基础合同设计得过于对业主有利，那么一旦出现纠纷，业主索赔保函，通常申请人会采取止付这种极端手段。而一旦保函被止付，之后即使业主在基础合同下取得胜诉的仲裁裁决或者判决，都可能在申请人所在国的保函诉讼中无法胜诉而使基础合同项下的胜诉裁判文书无法得到执行。

因此，保函文本是应该设计仲裁前置条款的，但也不是所有的索赔都需要仲裁前置。比较合理的是在保函文本中将索赔分类，比如迟延交付，可以按天计算违约金的。工程或交付的机械设备指标不达标的，可以按照不达标的指标的百分比计算违约金的；这种可以量化索赔标准的，可以直接索赔，不设置仲裁前置条款，而最终兜底的，如其他类别的索赔或者不能量化的，依笔者个人之见，设置仲裁前置条款是避免保函争议的一个有效手段。

第十条 独立保函未同时载明可转让和据以确定新受益人的单据，开立人主张受益人付款请求权的转让对其不发生效力的，人民法院应予支持。独立保函对受益人付款请求权的转让有特别约定的，从其约定。

【条文解读】

这一条款的设计是合理的，因为保函的最原始设计的功能还是担保，索赔的要求文件里还是必须有一份申请人违约的声明。因此，通常来讲，保函项下款项的受益权转让的比较多，但如果将受益人的付款请求权也一并转让就会有问题。例如，受让方并不是主合同的当事方，如何能判断保函申请人在履约过程中是否有违约行为？而且主合同义务是否也一并转让？ 如果不转让的话，主合同项下的权利人和保函权利人不一致也会在实务中存在诸多的问题。

第十一条 独立保函具有下列情形之一，当事人主张独立保函权利义务终止的，人民法院应予支持：

（一）独立保函载明的到期日或到期事件届至，受益人未提交符合独立保函要求的单据；

（二）独立保函项下的应付款项已经全部支付；

（三）独立保函的金额已减额至零；

（四）开立人收到受益人出具的免除独立保函项下付款义务的文件；

（五）法律规定或者当事人约定终止的其他情形。

独立保函具有前款权利义务终止的情形，受益人以其持有独立保函文本为由主张享有付款请求权的，人民法院不予支持。

【条文解读】

本条第一款就是独立保函和中国法下附属性担保的一个重大区别，即保函有效期届满独立保函自动失效，担保人再不用承担担保责任。而中国《担保法》项下的附属性担保，无论是连带责任担保还是一般责任担保，均规定如果担保的期限短于主合同义务履行的期限，换言之，如果主合同义务还没完成，担保已经到期了，那么担保的期限将自动延展至主合同义务履行完毕后 6 个月。

这也是很多做国际工程总包商公司所面临的一个矛盾所在，就是总包商对外给业主开的保函是见索即付独立性的，而因为本司法解释未出台之前，境内保函是不承认独立性的，境内分包商给总包商开的保函只能按照《担保法》解释为从属性担保。

那么就产生了一个悖论，总包商对外开出的保函是独立性的，业主方一旦索赔担保银行就对外赔付了。而分包商开给总包商的保函是从属性的，总包商对外赔付后向分包商索赔还需要先进行诉讼，而分包商可以找出很多理由进行抗辩。这样的后果很可能是，主承包商对外赔付了，却没办法从实际施工的境内分包商处取得赔偿。

本条第三款规定的保函减额条款是十分重要的，笔者建议预付款保函和履约保函文本中都应该加入减额条款。其实许多情况下，工程或交易过程中很多纠纷和矛盾的产生与当时的交易地位以及业主方和承包商方面的欲望都是息息相关的。因此，如果有比较完善的减额条款，在工程或者交易进展到中后期（通常也是纠纷和矛盾的高发期），如果保函金额还是很高（一般预付款和履约保函金额大概是在合同总金额的10%~15%），则一旦出现矛盾很可能会爆发在索赔保函这块"肥肉"上。因为一个项目的利润通常也没有保函金额高，所以双方就会进入不死不休的地步，一方索赔另一方想尽办法止付，项目后期也没人管，其实是个双输的局面。如果保函中设置了恰当的减额条款，在工程或者交易的中后期保函金额已经不足以让业主方和承包商撕破脸了，双方也就会比较冷静地通过协商等比较和缓的方式解决工程项目中出现的问题。因此，合理而恰当的减额条款在国际工程或国际贸易中是非常必要的。

关于本条第四款，通常银行的操作是，如果收到类似受益人出具的免除独立保函项下义务的文件就直接close case了。根据笔者的个人理解，独立保函本身是担保银行单方的担保承诺，受益人在收到保函之后也不需要书面确认，保函自发出之日起即生效。反之亦然，如果受益人发出了免除的声明，担保银行并不需要反馈，直接就可以close了。但是如果之后受益人在效期内又来索赔，主张免除只是单方的意思表示，并没有与银行达成合意，这确实是一个风险。此项规定确认了免除属于单方法律行为，而非契约，无需双方当事人达成合意。

第十二条 具有下列情形之一的，人民法院应当认定构成独立保函欺诈：

（一）受益人与保函申请人或其他人串通，虚构基础交易的；

（二）受益人提交的第三方单据系伪造或内容虚假的；

（三）法院判决或仲裁裁决认定基础交易债务人没有付款或赔偿责任的；

（四）受益人确认基础交易债务已得到完全履行或者确认独立保函载明的付款到期事件并未发生的；

（五）受益人明知其没有付款请求权仍滥用该权利的其他情形。

【条文解读】

本条第一款表述的虚构基础交易的情况十分少见，在笔者多年以来的实务经历中还没有遇到过。此类情况依笔者的理解，应属于诈骗，涉嫌刑事犯罪行为，而不是简单的民事诉讼能解决的了。但此类情况下的保函本身肯定是可以止付的，刑事报案公安冻结也是一样的效果，因此一般就无需启动民事程序了。

关于本条第二款，因为典型的见索即付保函项下受益人提交的单据就是一个受益人关于申请人违约的陈述，没有其他第三方单据。如果存在其他第三方单据，那就要么是申请人本身强势，要么就是拿保函当类似信用证的付款工具使用了。

在笔者代理的案件中有一个影响颇大的案件，当时提起止付的理由与这个有些类似。案件的主要背景是中国海外工程有限责任公司（以下简称中海外公司）在波兰修建 A2 高速公路的项目过程中的一个保函纠纷案件。案件情况是，中海外公司与中铁隧道集团、上海建工以及一家波兰当地公司作为联合体共同投标了 A2 高速公路项目的两个路段的建筑工程，之后由于种种原因合作关系破裂，中方将项目人员撤回，而波兰业主方则索赔了中海外公司和中铁隧道集团所开立的四个保函项下的全部款项。之后中海外公司和中铁隧道集团委托笔者团队起诉波兰业主方要求止付保函，除了其他工程项目中波兰业主方违约等理由外，笔者团队提出的最主要的一个理由就是索赔函签发主体的问题。

在该案件中，波兰业主官方网站上的名称的波兰文版本为"Generalny Dyrektor Dróg Krajowych i Autostrad." 英文版本为"General Director for National Roads and Motorways."

而保函中所载的受益人名称为"State Treasury-General Directorate of State Roads and Motorways."

波兰业主作为受益人在保函有效期内曾经提出过两次索赔，第一次索赔函为波文和英文两个版本，签署主体的名称分别为"Generalny Dyrektor Dróg Krajowych i Autostrad""General Director for National Roads and Motorways"。无论波文还是英文版本的名称，均与受益人官方网站上的官方名称一致，但与保函中所载的受益人名称不符。担保银行在收到第一次索赔函后提出不符点，指出索赔函中受益人名称与保函所载不符。

之后，担保银行收到了第二份索赔函，签署主体名称为"State Treasury-General Directorate of State Roads and Motorways"，与涉案保函中约定的受益人名称一致。

笔者团队找了波兰当地律师出具了法律意见，证明第二次索赔函是由一个不存在的主体出具的，即使忽略"财政部"的前缀等区别，第二次索赔函也是由一个在波兰法下没有独立法律人格且无权签署法律文件的主体出具的，明显属于欺诈性索赔。以此为由，我们在北京市第一中级人民法院提起诉讼，并成功申请了临时止付令，中止了该保函项下的款项支付。

关于本条第三款，笔者之前代理的万桥兴业的质保保函的案件是一个非常典型的通过境内法院进行止付诉讼、配合境外的仲裁程序最终取得了理想结果的保函止付案件。该案件的大致情况是，万桥兴业是一家中国的制造企业，向一家叫爱登公司的意大利公司出口架桥机（一种在山谷中间架桥的大型机械）。爱登公司购买该设备后直接转卖给韩国现代公司，因此万桥公司直接将架桥机出口到韩国，并负责现场的安装调试。

而后由于爱登公司被万桥公司的竞争对手收购了，在最终用户韩国现代未就架桥机质量提出异议的情况下，爱登公司除了拒绝支付货物买卖合同项下的尾款之外还在质保保函项下提出了索赔。由于尾款属于基础合同项下争议，基础合同约定的是在意大利仲裁，因此当客户找到我们的时候，我们帮客户定的策略是在意大利提出仲裁，同时在中国境内法院申请止付令，止付质保保函。原因也在于，架桥机在运抵韩国现场后由于现场韩国工作人员操作的问题曾经造成铁板裂缝，做过加固，考虑到爱登公司可能会拿这个做文章，在中国法院取得最终的胜诉判决还是有一定风险，因此笔者团队就制定了在中国境内先拿临时止付令，然后再进行一审、二审程序，同时等待境外的胜诉仲裁裁决的策略。

而后我们在北京市第一中级人民法院成功取得了全部四个质保保函项下的止付裁定，同时在意大利针对爱登公司提起了仲裁请求。之后境内的一审程序虽然法院认定货物质量可能存在争议，无法达到"基础交易的债务已经完全履行"的认定程度，一审判决万桥公司败诉。但笔者团队随即提起上诉，在二审程序中意大利仲裁裁决做出，认定虽然货物质量存在一定问题，但已完全修复，修复费用从尾款中扣除，爱登公司还需向万桥公司支付部分尾款。随即笔者团队将意大利的仲裁裁决提交二审法院，爱登公司主动要求和解，撤销了质保保函项下的索赔。

本条第四款是通常最常用的一种止付理由，但同时也是最难证明的一种。因为使用见索即付保函最多的通常就是在国际工程、造船、国际货物买卖等领域，除了国际货物买卖还稍微好一些之外（实际上用到保函的也都是大型机械设备或者大宗商品的买卖合同，这种合同中货物质量也经常会发生争议，需要第三方专业机构的鉴定报告，而对于鉴定机构的选聘各方也经常会发生纠纷），在大型的国际工程及船舶建造中，很难做到对于合同完全严格的履行。在这种情况下，如果保函申请人确实存在细小的违约，其违约行为给保函受益人根本没有造成实质性损失，或者造成的损失与受益人在保函项下索赔的金额完全不成比例，在中国法下是否能够止付，这是一个司法实践中值得探讨的问题。

在笔者所代理过的十几起保函止付的案件中，最为自豪的一个案件就是通过证明完全履行最终拿到了天津市第二中级人民法院、天津市高级人民法院及最高院的三审胜诉判决。该案件的事实如下：

中材装备集团有限公司（下称"中材装备公司"，原称"天津水泥设计研究院"，后在二审期间更名为中材装备公司）与巴基斯坦的格里布瓦尔公司于2004年12月30日签订了基础合同，约定中材装备公司向格里布瓦尔公司出售一个日产6700吨水泥的水泥生产线。合同约定，中材装备公司负责为格里布瓦尔公司设计水泥生产线、提供设计图、提供设备并进行调试。格里布瓦尔公司负责设备的安装，提供设备调试、生产所需的原料、燃料并根据中材装备公司的履约进度分批向中材装备公司支付设计费、设备款、调试费及质保金。

简而言之，合同义务履行的顺序是这样的：

（1）合同签署后，中材装备公司申请工行天津分行开立以格里布瓦尔公司为受益人的预付款保函和履约保函（分别相当于合同总金额的10%）；

（2）收到保函后，格里布瓦尔公司支付与两份保函等额的预付款及设计费；

（3）中材装备公司安排设计并提供设计图纸给格里布瓦尔公司；

（4）格里布瓦尔公司代表签字确认设计图纸后，中材装备公司开始按照设计图纸进行水泥生产线制造；

（5）生产线制造完成后，分批装运，格里布瓦尔公司以即期信用证的方式支付货款，并且在收货后未就货物数量及质量提出异议；

（6）货物到港后，格里布瓦尔公司自行进行土建施工并安装生产线；

（7）生产线安装完毕后，格里布瓦尔公司通知中材装备公司派人到现场对设备进行调试；

（8）经调试后，进行单机试车而后进行加载物料的试车，性能考核达标后出具验收证书，格里布瓦尔公司支付尾款。

上述 8 项合同义务履行过程中，前 7 项都没有任何问题，中材集团及格里布瓦尔公司均已认可，双方的争议主要集中在第 8 项合同义务的调试工作中：

整条水泥生产线总共 8 个车间，其中的 7 个车间已经通过性能考核并取得了格里布瓦尔公司所颁发的 PAC 证书。仅剩的烧成系统考核因格里布瓦尔公司一直未能提供足够、符合质量要求的原料石灰石和燃料煤保证烧成系统能连续符合要求地运行 72 小时而一直未能进行。但格里布瓦尔公司在一次对烧成系统进行调试的过程中连续运行了 8 个小时，所生产的水泥总量已达到了所设计的日产 6000 吨的产量标准。

而在这种情况下，格里布瓦尔公司在履约保函项下提出了索赔，要求中材装备公司全额赔付预付款及履约保函项下总计合同金额 20% 的全部保函金额，并拒绝再支付 5% 的尾款。

本案的审理法官，尤其是二审天津高院的法官对见索即付独立保函的理解非常到位，在庭审包括之后多次的谈话中，法官认为本案的争议焦点从来都不在于到底是谁违约了，而在于格里布瓦尔公司在索赔时是否明知或应当明知其无权索赔，只有在这种情况下格里布瓦尔公司的索赔才能被认定为欺诈性索赔。那么落到证据上，如何证明格里布瓦尔公司在索赔时明知或应当明知，主观上的明知自然无法证明，除非其自认。所以只能从应当明知入手，在 2013 年审理本案时天津高院法官对于应当明知的看法与 4 年之后最高院出台的这个司法解释的认定是一样的，即作为原告的中材装备公司需要证明其已经完全履行了合同义务，保函所担保的对象已不存在。其实这也没什么奇怪的，当时天津高院审理本案的时候由于是新类型案件，就已经到最高院带卷汇报过，最高院也认同了天津高院的审判思路。而且最高院在出具该司法解释的过程中，也是非常依赖天津高院这个为数不多打了三审，最终做了实体性审理、判决的案例的（大多数独立保函案件没有走到最后一步，拿了临时性止付令之后就和解或者撤诉了，走到最后一步的，且最终判决终止保函项下款项支付的，据笔者所知全国各法院加在一起一共不超过三个，天津高院这个案子应该是第一个，而且应该是最具有典型意义的一个）。

而本案的典型意义在于，不用证明哪方违约，因为格里布瓦尔公司的违约极其明显，包括不支付尾款、应当减额的保函不减额、该支付的调试费不付、应该开的质保金信用证不开等。而中材装备公司在之前的履约过程中完全履行了合同义务，从设计、供货到调试，除了最后一个烧成系统外，设计有对方的验收签字、供货有对方的收货确认，其他七个系统也都有验收合格的证书。

所以天津高院对独立保函的原则把握得准确的地方就在于，独立保函本来设计就是见索即付的，而不管基础合同中受益人是否有权索赔保函项下款项，除非出现不符点或者欺诈的情形。换句话说，保函开出来的时候受益人的索赔权就存在了。至于基础合同项下是否有权索赔，那是基础合同中约定的管辖法院适用法律解决的事情。因此，独立保函还有一个原则就是所谓的"先赔付、后争议"，这个争议指的就是基础合同项下的争议解决。

那么所有独立保函欺诈止付案件最终的唯一焦点就在于：作为保函申请人的一方是否已经完全履行了合同义务。在天津高院的这个案件中，唯一的焦点就在于烧成系统没有取得验收证书到底是谁的责任，如果是中材装备公司的责任，甚至说只要中材装备公司有一点责任，那么哪怕之前的履约再完美无缺，天津高院依然会判决不予止付。就这一点，笔者和天津高院的法官事后探讨过很多次，当时笔者就提出过，如果在整个价值一个亿的生产线上中材装备公司少给格里布瓦尔公司安装了一个灯泡，后者是不是就有权索赔前者2000万？天津高院的承办法官也认为对此应该有个适度的比例，比如违约给对方造成的损失不超过保函金额百分之多少的情况下能够认定是欺诈性索赔。但就这个案子而言，他表示因为是第一个这种案件，所以他们庭里包括最高院当时的态度是，如果要判终止保函项下款项支付，中材装备公司就要举证证明烧成系统没有取得验收证书的责任不在自己一方。好在中材装备公司负责巴基斯坦格里布瓦尔这个项目的负责人徐松林总工是笔者代理的这些案件中遇到的海外工程方面最有经验且最负责任的项目负责人。不但之前项目履约方面做得滴水不漏，而且将当时所有的证据都保留了下来。我们最终向法院提交了当时对方工程师签字的煤不足的证明、当时石灰石不足的会议记录、格里布瓦尔公司未按照图纸建造雨棚，导致燃煤含水量过高等相关证据，最终使法官确认中材装备公司已完全履行合同义务，烧成系统未通过验收的责任不在中材装备公司。

综上，笔者认为如果要取得最终的止付判决，而不是临时的止付裁定，需要有以下这几个要素：

对已经履行、没有争议的合同义务要有对方的书面确认或者翔实充分的证据（因为即使履约当时对方没有提出异议，但一旦产生争议对方仍然会提出的）；

如果合同没能继续履行下去是因为对方的原因，那么一定要保留书面的证据；

要能够在第一时间取得临时止付令，否则通常要去境外即业主方所在地法院或仲裁机构解决。

因此，如果没有上述的要素，笔者建议，拿下临时止付令后尽量和对方达成和解，因为境外业主方通常对中国法院和法律不是很熟悉，还是很有可能以一个比较好的结果达成和解的。

【相关案例】

中国海外工程有限责任公司与波兰国家高速公路管理局、中国进出口银行保证合同纠纷

[北京市第一中级人民法院（2011）一中民初字第13686–2号民事裁定书]

首先，本案中，除受益人提交的第三方单据存在伪造或内容虚假的问题外，还涉及管辖异议的问题。被告认为北京市第一中级人民法院缺乏管辖权依据的主要理由是各方法律关系均属合同关系，不受侵权法的调整，本案应根据基础合同或保函约定的既有管辖权提交波兰法院进行争议解决。对此，一审法院即认为虽然当事人双方的基础合同和保函合同均为合同关系，当事人均可在合同中自行约定管辖法院，但是根据《中华人民共和国合同法》第一百二十二条的规定，因当事人一方的违约行为，侵害对方人身、财产权益的，受损害方有权选择依照本法要求其承担违约责任或者依照其他法律要求其承担侵权责任。中海外公司以保函欺诈为由提起侵权之诉，符合《中华人民共和国民事诉讼法》第一百零八条的规定。

其次，本案属于涉外侵权纠纷。根据《中华人民共和国民事诉讼法》第二百三十五条规定，在中华人民共和国领域内进行涉外民事诉讼，适用本编规定。本编没有规定的，适用本法其他有关规定。根据《中华人民共和国民事诉讼法》第二十九条规定，因侵权行为提起的诉讼，由侵权行为地或者被告住所地人民法院管辖。而中海外公司以保函欺诈构成侵权为由起诉，而进出口银行作为付款行，其住所地位于北京市第一中级人民法院辖区。

最后，依据《最高人民法院关于涉外民商事案件诉讼管辖若干问题的规定》第一条第（二）项、第三条第（一）项规定，涉外合同和侵权纠纷案件，省会、自治区首府、直辖市所在地的中级人民法院管辖第一审涉外民商事案件。综上，法院认为北京市第一中级人民法院享有对本案的管辖权。

【相关案例】

北京万桥兴业机械有限公司与被告爱登技术有限公司、第三人中国工商银行股份有限公司北京市分行保函欺诈纠纷

[北京市第一中级人民法院（2013）一中民初字第896号民事判决书]

本案中的争议焦点为被告向银行索赔是否存在明显不符点，从而构成保函欺诈。原告认为被告提交的索赔电文中的陈述系违反了"合同义务"而非"质保义务"，但一审法院认为"基础合同项下的义务"显然已涵盖了"质保责任"，被告在索赔函中的陈述并不存在明显的不符点，因此原告关于存在不符点的意见不能成立。

关于是否构成保函欺诈的问题，一审法院认为基于独立保函的独立原则与欺诈例外，法院在审查保函项下的索赔是否存在欺诈性的虚假陈述从而确认是否构成保函欺诈时，虽不应全面审理基础合同关系，但可以就基础合同

与保函相关的内容以及履行情况进行必要、有限的审查，从而判断是否构成欺诈。据此，法院有限审查的范围，应限于保函受益人是否存在故意告知虚假情况，或明知保函申请人没有违约而仍隐瞒真实情况试图诱使担保银行向其支付保函项下款项的恶意索赔的情形。只有当债务人能充分、清楚地举证证明其已全面履行债务，受益人可被明确认定为欺诈性索赔的，法院才可以止付保函。

在具体审理过程中，一审法院认为根据原告现有证据不足以证明其所交付的设备不存在任何质量问题，也不足以证明被告针对质保保函存在故意告知虚假情况或隐瞒真实情况而进行恶意索赔的情形。因此被告依其对基础合同以及对己方损失构成的理解，针对质保保函提出全额索赔的行为亦不能认定为构成保函欺诈。不过在二审程序中意大利仲裁裁决认定虽然货物质量存在一定问题，但已完全修复，修复费用从尾款中扣除，被告还需向原告支付部分尾款。随即笔者团队将意大利的仲裁裁决提交二审法院，被告主动要求和解，进而撤销了质保保函项下的索赔。

【相关案例】

格里布瓦尔水泥有限公司与中材装备集团有限公司、中国工商银行股份有限公司天津分行保函欺诈纠纷[①]

[天津市高级人民法院（2012）津高民四终字第 3 号民事判决书]

[最高人民法院（2014）民申字第 954 号民事裁定书]

本案实体问题的争议焦点为格里布瓦尔公司是否滥用权利对天津水泥设计院履行基础合同的情况进行恶意虚假陈述，从而构成保函欺诈。格里布瓦尔公司主张本案不应对基础合同争议进行审理，否则会影响仲裁庭的审查判断。但一审法院认为，诚实信用和反欺诈是商业活动应普遍遵守的原则，格

---

① 本案经过天津市第二中级人民法院一审、天津市高级人民法院二审和最高人民法院再审，一审、二审以及再审的案号分别为（2009）二中民三初字第 32 号民事判决、（2012）津高民四终字第 3 号民事判决、（2014）民申自第 954 号民事裁定书。最高人民法院驳回了格里布瓦尔水泥有限公司的再审申请。

里布瓦尔公司提出的维护保函独立性的意见，不能对抗该原则的适用。因此一审法院认为应当对基础合同的履行情况进行有限度的审查，其目的是正确判断格里布瓦尔公司是否存在保函欺诈的情形，该限度下的审查与基础合同规定的冲裁条款并不冲突。在审理过程中，格里布瓦尔公司未能提供证明天津水泥设计院在基础设计阶段违约的证据，此外双方提供的往来邮件亦表明双方一直在协商解决相关问题。综上，一审法院认为，根据格里布瓦尔公司提供的证据，不能证明天津水泥设计院违约的事实以及格里布瓦尔公司在基础合同中的正当权益受到损害的事实。因此应认定格里布瓦尔公司的索赔文件，对天津水泥设计院履行合同的情况故意进行了虚假片面的陈述，缺乏行使保函索赔权的正当理由。

二审期间，二审法院认定中材装备公司义务包括设计义务、供货义务。关于设计义务的履行，二审法院认为根据基础合同及合同附件3关于工程设计流程的约定，详细设计图纸的交接是以格里布瓦尔公司确认基本设计为基础，因此，格里布瓦尔公司签收详细设计文件的事实可以证明中材装备公司已经完成了合同项下的基本设计和详细设计义务。

虽然格里布瓦尔公司抗辩认为，中材装备公司未能按照约定按期完成土建设计和磨煤机设计义务，但二审法院认为中材装备公司收取信用证项下款项的事实证明其所提交的单据符合信用证项下关于土建设计文件的交单要求，进而证实中材装备公司已经履行了土建设计义务。此外，在磨煤机设计义务方面，根据中材装备公司收到预付款的事实及合同附件5的相关规定，中材装备公司应于2007年2月18日前完成该项工程设计并提供煤磨的分交图纸。尽管格里布瓦尔公司于2007年3月18日签收磨煤机详细设计接收单，但根据双方在合同附件3中做出的"与合同有效期有关/相关的所有时间期限/周期（预付款除外）可延长5个月"之约定，中材装备公司如约完成了磨煤机设计义务，不存在违约行为。

关于供货义务的履行，二审法院认为，根据双方的约定，中材装备公司在提交提单、装箱单等相关单据后，方可议付信用证项下的设备款项。本案事实表明，中材装备公司已经收到信用证项下的货款，该事实可以证明中材装备公司已经履行了其在基础合同项下的供货义务。对此，格里布瓦尔公司抗辩认为，根据基础合同第25条的规定，其付款行为并不代表其放弃了对于中材装备公司违约责任的追索权，同时提出，在2007年2月5日至2月12日的会议纪要中双方确认格里布瓦尔公司已经将缺件清单交给中材装备公司，而且在2009年4月1日双方签署的《谅解备忘录》中提及已向中材装备公司提交未履约清单，因此中材装备公司未能完成基础合同项下的供货义务。但二审法院认为，根据约定如发现货物短装或破损的，应以双方联合准备的报告形式提出，而本案中并未形成该报告。并且格里布瓦尔公司索兑保函项下款项时，设备已经安装完毕并处于履约测试阶段，该事实可以证明中材装备公司在供货问题上不存在足以导致格里布瓦尔公司索兑保函项下款项的违约行为。据此，二审法院驳回了格里布瓦尔公司的抗辩。最终二审法院认定中材装备公司已经如约按期完全履行了基础合同项下及双方所签订附件中约定的设计和供货义务。

格里布瓦尔公司以二审法院认定的"2008年5月29日之前，双方仍处于履约测试阶段，对于该项义务的履行情况尚无定论，故中材装备公司履约测试义务的履行情况并非本案应审查的内容"这一事实缺乏证据证明为理由，向最高人民法院申请再审并请求撤销二审判决。最高人民法院经审理认为二审判决无误，驳回了格里布瓦尔公司的再审申请。

第十三条　独立保函的申请人、开立人或指示人发现有本规定第十二条情形的，可以在提起诉讼或申请仲裁前，向开立人住所地或其他对独立保函欺诈纠纷案件具有管辖权的人民法院申请中止支付独立保函项下的款项，也可以在诉讼或仲裁过程中提出申请。

【条文解读】

此即所谓的止付令，或者叫临时止付令。在这个司法解释没出台之前，各个法院的操作不一样，有按照信用证司法解释第8条止付令参照处理的，但更多的是按照普通的财产保全处理的。

就笔者个人的理解而言，临时止付令归根结底是一个财产保全，区别只不过是保全的不是被申请人也就是保函受益人名下的财产，而是担保银行要支付给受益人的保函项下款项，其实就是受益人的一笔应收账款。而且，在新《民事诉讼法》出台以后，从法律规定上来说就更没有障碍了，新《民事诉讼法》第100条的行为保全，可以强制被申请人为一定的行为或不为一定的行为，只不过在独立保函案件中是要求案件第三人，即付款义务人担保银行不对外支付。

在笔者专做独立保函案件的七年中拿过近三十个止付令，正如上文所述，大多数止付令是作为申请人与受益人之间的一个谈判的筹码，取得了不错的效果，因为无需讳言，大多数境外的业主或买方还是认为中国法院会偏向中方承包商或者卖家，至少他们对于在中国法院诉讼有着天然的抵触。因此，即使无法证明完全履行了合同义务或者未履行的合同义务是由于对方的违约行为造成，在被索赔之后以和解为目的取得临时止付令也不失为一个有效的解决方法。

【相关法条】

《最高人民法院关于审理信用证纠纷案件若干问题的规定》法释〔2005〕13号

第八条　凡有下列情形之一的，应当认定存在信用证欺诈：

（一）受益人伪造单据或者提交记载内容虚假的单据；

（二）受益人恶意不交付货物或者交付的货物无价值；

（三）受益人和开证申请人或者其他第三方串通提交假单据，而没有真实的基础交易；

（四）其他进行信用证欺诈的情形。

第九条　开证申请人、开证行或者其他利害关系人发现有本规定第八条的情形，并认为将会给其造成难以弥补的损害时，可以向有管辖权的人民法院申请中止支付信用证项下的款项。

第十四条 人民法院裁定中止支付独立保函项下的款项，必须同时具备下列条件：

（一）止付申请人提交的证据材料证明本规定第十二条情形的存在具有高度可能性；

（二）情况紧急，不立即采取止付措施，将给止付申请人的合；

（三）法权益造成难以弥补的损害；

止付申请人提供了足以弥补被申请人因止付可能遭受损失的担保。

开立人在依指示开立的独立保函项下已经善意付款的，对保障该开立人追偿权的独立保函，人民法院不得裁定止付。

【条文解读】

本条第一款司法解释的表述是比较到位的，因为临时止付令不能完全按照财产保全那样只要申请即可做出，而是需要有证据证明存在欺诈的可能性，并且是高度的可能性。这一点在全世界大多数有保函欺诈例外立法的国家里是相通的，因为保函案件经常约定适用外国法律，所以在司法实践中经常需要做外国法律查明的工作。目前看来，英国法和新加坡法项下要求临时支付令要有"强有力"的证据证明存在欺诈才能出具。因此，中国司法解释要求的高度可能性是一个比较合理的要求，但关键就在于各地法院的执行标准，如何理解及适用存在保函欺诈的"高度可能性"。

本条第三款的这个条件通常容易满足，见索即付独立保函的付款期限通常只有5天，肯定是紧急的，而且一旦付出去就是不可逆的，只能通过基础合同项下的争议解决方式往回要，的确是难以弥补的损害。

笔者之前做的止付案件，大多数法院会要求提供与保函等额的担保，但是这一点其实是有问题的，因为如果最终判决不应当终止支付，那么银行依然会对外付款，受益人仍然能够拿到保函项下款项，也就是说损失的仅仅是利息。因此笔者认为，担保应当相当于保函金额2~3年的利息，如果案件的审理超过了这个时间，那么再要求申请人追加相应的担保即可，而不应该设置巨额担保这一门槛使得真正被欺诈的申请人无法申请止付令。值得欣喜的是，现在北京的几个中院都开始接受标的金额30%左右的担保或者保险公司保单了。按照这一趋势，对止付令的申请以后应该会越来越方便。

还是那句话，独立保函的原则是独立于基础交易，见索即付，因此要先赔付后争议，如果因为基础交易违约止付，那提供独立保函就没有意义了，保函的管辖法院不能越俎代庖。

关于本条最后一款，这个是肯定的，因为银行已经付款，止付本身已经无从谈起。除非说银行跟受益人串通共同欺诈，笔者在之前的案件曾遇到过这种情况。该案涉及的是一个转开的保函，笔者团队在预计到受益人可能索赔的情况下提前向转开银行发函告知存在欺诈，并告知其我方已经在国内提起保函诉讼。在这种情况下，转开行依然向受益人付了款，我方遂将转开行作为与受益人共同欺诈的对象成功从法院申请到了保函（非转开保函）项下的止付令。

第十五条 因止付申请错误造成损失，当事人请求止付申请人赔偿的，人民法院应予支持。

【条文解读】

止付申请的原理与财产保全是一样的，如果最终判决证明欺诈不存在，也就是止付申请错了，给对方造成了损失，那么止付申请人应承担相应的赔偿责任。这里面的问题在于，根据笔者之前的经验，要求止付申请人赔偿是需要受益人另行起诉的，而不能在保函止付案件中一并解决，但笔者以为这个损害赔偿的事宜应该一并在保函止付案件中合并解决，法官可以在讼中释明一下，让受益人提个反诉，然后如果判保函止付不成立的话，就在判决驳回原告起诉之后，再加一项：原告向被告承担诉讼期间的利息损失。否则会给当事人增加极大的诉累。

第十六条 人民法院受理止付申请后，应当在四十八小时内做出书面裁定。裁定应当列明申请人、被申请人和第三人，并包括初步查明的事实和是否准许止付申请的理由。

裁定中止支付的，应当立即执行。

止付申请人在止付裁定做出后三十日内未依法提起独立保函欺诈纠纷诉讼或申请仲裁的，人民法院应当解除止付裁定。

【条文解读】

48 个小时内做出书面裁定是必须的，因为只有相应的付款期限只有五天，时间非常紧迫。在实际操作中，成功取得止付令确实是需要天时地利人和的，因为通常对于保函止付这类比较新型的案件，法院立案庭是不接受做诉前保全的。只能先由立案庭立案，然后移送到审判庭，审判庭审查过之后，认为可以，然后出具保全裁定，之后再移送到执行庭保全组去具体做保全。正常情况下，这套流程没有十天半个月肯定做不完，所以就需要律师和法院进行沟通，将案件的紧急性告知法院，争取加快法院内部的流转速度。

在实务中，经常会赶在银行最后一个付款日的临下班之前才能把法官的止付裁定和协助执行通知书送到担保银行，整个过程非常紧迫，时间上稍有迟延银行就将相应款项付出了。

关于本条最后一款，依据笔者此前的经验，通常是起诉的同时申请止付，目前北京的法院保函的止付裁定几乎不可能通过诉前程序取得。

第十七条 当事人对人民法院就止付申请做出的裁定有异议的，可以在裁定书送达之日起十日内向做出裁定的人民法院申请复议。复议期间不停止裁定的执行。

人民法院应当在收到复议申请后十日内审查，并询问当事人。

【条文解读】

除极个别情况，笔者尚未遇到过复议阶段就把止付令撤了的，很简单的道理，因为做出止付令的法官和审理复议的法官是同一个合议庭的，既然已经做出了止付令，通常很难不经过审理就撤回的。

第十八条 人民法院审理独立保函欺诈纠纷案件或处理止付申请，可以就当事人主张的本规定第十二条的具体情形，审查认定基础交易的相关事实。

【条文解读】

虽然基础合同和保函相互独立，但按照上文所述的审查标准，是要确认基础合同项下是否全部义务都已经履行完毕，所以肯定要对基础交易进行审查。由此会产生一个悖论，也是笔者认为保函纠纷于法理上说不通的地方：如果在保函止付的程序进行的同时或者之后受益人或者申请人提起了基础合同项下的纠纷解决程序（通常是境外的仲裁或者法院），而止付程序中法院对基础合同认定的事实如果与基础合同项下纠纷解决程序所认定的事实不一致，该如何解决？如果不是在订立司法解释的过程中希望能够扩大中国法院的管辖权（各国立法都愿意扩大本国的管辖权，这一点毋庸置疑），为中国企业走出去保驾护航的话，其实是有一个更加简洁也更加合理的解决办法。

那就是中国法院可以出具临时性止付令，但是在取得临时性止付令后，申请人必须在30日内根据基础合同项下的争议解决提起仲裁或者诉讼，然后中国法院的保函止付程序自然中止，等待基础合同项下的仲裁或者诉讼程序出具的最终裁决或判决结果，按照该裁决或者判决认定的事实最终判决保函是否应当止付。

这样，既解决了保函止付的燃眉之急，又尊重了基础合同项下双方选择的争议解决机构的管辖权和双方当事人的合意。唯一的问题，可能就是中国公司通常作为承包商在与作为业主的受益人之间的谈判中谈判地位比较弱，基础合同中争议解决机构的选择可能大多是要由受益人所主导。但毕竟合同就是合同，各方都应该尊重合同，不应该在合同签订后再通过其他的手段去规避当初的意思表示。

第十九条 保函申请人在独立保函欺诈诉讼中仅起诉受益人的，独立保函的开立人、指示人可以作为第三人申请参加，或由人民法院通知其参加。

【条文解读】

通常申请人止付的案件中，申请人无论如何都不愿得罪担保银行。但是止付裁定一定要第一时间送到担保银行手里，而且在保函止付案件中申请人指责有欺诈行为的只有受益人，因此银行作为第三人参与到案件中是合适的。

第二十条 人民法院经审理独立保函欺诈纠纷案件，能够排除合理怀疑地认定构成独立保函欺诈，并且不存在本规定第十四条第三款情形的，应当判决开立人终止支付独立保函项下被请求的款项。

【条文解读】

这一审理标准正如上文所说的那样，认定欺诈只有两条：（1）受益人所发的索赔函是假的；（2）索赔函中所称的申请人违约是假的。

根据 URDG758 的规定，受益人索赔函中需要陈述申请人违约的具体方面，所以在止付的时候双方的争议焦点可能不需要拓展到整个基础合同，只是针对索赔函中陈述的违约具体方面即可。但是在实践中，索赔函中一般会含糊处理，受益人会尽量把违约的具体方面写得很多或者很宽泛。所以很多案件到最后还是要证明申请人已经完成了全部合同义务。

【相关案例】

沈阳矿山机械（集团）进出口司与印度电热公司、第三人中信银行股份有限公司沈阳分行保函欺诈纠纷

[辽宁省沈阳市中级人民法院 (2005) 沈中民四外初字第 34 号民事判决书]

[辽宁省高级人民法院 (2007) 辽民四知终字第 102 号民事裁定书]

本案的争议焦点是被告向第三人索取保函项下款项是否存在欺诈，第三人应否终止向被告支付保函项下款项。因本案系保函欺诈纠纷，法院在审理时认为法院有权并且必然要查明基础合同履行的实际情况，以确认原告是否违反了基础合同的义务，进而判断被告在索赔函中的陈述是否构成保函欺诈。

在审理中，法院首先审查了原告是否履行了案涉合同项下的义务。经过查明双方往来电子邮件，法院认定从《销售合同》签订起至 2005 年 6 月 8 日期间，原告已经先后交付给被告上述 6 个设备相关的图纸及资料，被告对交付的图纸及资料并没有提出异议，原告履行了符合《销售合同》中应当履行的图纸及资料的交付义务。并且法院认为，在邮件中被告要求原告交付的相关资料，并非《销售合同》中约定的原告履行义务，不能以原告未提交该资料而认定原告违反了合同义务。综合上述事实，法院认定被告提交的证据不能证明原告存在《销售合同》项下的违约事实，其亦未指出原告存在保函基础交易下其他违约事实和提交其他证明原告存在保函基础合同项下违约行为的证据。

在被告索取保函项下款项的行为是否构成保函欺诈方面，法院认为由于原告并不存在被告向第三人提交的索赔函中陈述的违反合同义务的事实，因此被告向第三人做出虚假陈述为索取保函项下款项的行为已构成保函欺诈。被告的保函欺诈行为违反了诚实信用原则，被告索取保函项下款项的行为属无效民事行为。据此，法院判令第三人终止向被告支付保函项下的款项。

第二十一条 受益人和开立人之间因独立保函而产生的纠纷案件，由开立人住所地或被告住所地人民法院管辖，独立保函载明由其他法院管辖或提

交仲裁的除外。当事人主张根据基础交易合同争议解决条款确定管辖法院或提交仲裁的，人民法院不予支持。

独立保函欺诈纠纷案件由被请求止付的独立保函的开立人住所地或被告住所地人民法院管辖，当事人书面协议由其他法院管辖或提交仲裁的除外。当事人主张根据基础交易合同或独立保函的争议解决条款确定管辖法院或提交仲裁的，人民法院不予支持。

【条文解读】

保函本身纠纷管辖的规定与 URDG758 的规定是一致的，即担保银行所在地法院。URDG458 序言中说保函相关纠纷的管辖是担保银行所在地，但保函欺诈属于侵权案由，由各国法律自行规范。因此，按照中国民事诉讼法，侵权应当由侵权行为地或者被告住所地法院管辖，之前我们在案件中也都是按照银行住所地确定的管辖。

【相关案例】

安徽省技术进出口股份有限公司与奥斯沃化工肥料有限公司、第三人中国银行安徽省分行、第三人印度国家银行保函欺诈纠纷

[安徽省合肥市中级人民法院 (2006) 合民四终字第 03 号民事判决书]

本案的争议焦点一为一审法院是否对本案有管辖权及法律适用问题，二为被告索取保函项下款项的行为是否构成保函欺诈。在管辖权及法律适用问题上，一审法院认为，本案系因保函欺诈引起的侵权纠纷，侵权行为结果发生地和可供扣押财产所在地均在合肥，故该院有管辖权，且应选择适用中华人民共和国法律。在保函欺诈问题上，一审法院认为根据 URDG458 "欺诈例外" 原则在保函受益人存在欺诈的情况下，担保行不应履行保函项下的付款义务。而本案中，在原告已经完全履行约定义务的情形下，被告以原告没有履行合同规定的义务为由向第三人索赔履约保函项下款项，构成保函欺诈，违反了诚实信用原则。并且本案所涉保函并未排除适用《见索即付保函统一规则》第 20 条 a 款所规定的内容，而且被告在索赔中也没有明确原告的具体违约事项。不仅如此，被告在诉讼过程中长期沉默的行为，加深了法庭对被告存在保函欺诈行为的确信，进而认定被告的索赔行为构成欺诈，属于无效民事行为，判令第三人不得支付反担保函及保函项下的款项。

一审判决后，第三人安徽省中行及印度国家银行均提起上诉。安徽省中行及印度国家银行认为本案的基础交易合同确定的争议解决方式为提交国际商会仲裁，排除了法院对本案的管辖权。安徽省中行还认为原告未就被告是否构成欺诈进行举证，且本案所涉保函独立于基础交易合同，其独立性受法律保护，不应受到基础交易合同双方当事人履行合同所发生争议的影响。印度国家银行还认为其与安徽省中行之间关于保函事宜的往来法律文件，确认本案所涉保函及反担保函引发的争议应适用印度法律，并由印度法院管辖。对此，二审法院认为一审原告向一审法院提起的是保函欺诈诉讼，其依据的是被告不当索取保函项下款项行为侵害了原告的合法权益事实，而非原被告双方之间签订的交易合同违约的事实，亦并非保函及反担保函存在争议的事实。因此二审法院亦将本案的性质认定为侵权之诉。一审法院作为侵权行为地的法院对本案享有管辖区，其选择适用中国法律及相关国际惯例对本案进行审理符合法律规定。据此，二审法院驳回了安徽省中行与印度国家银行关于一审法院无管辖权及适用法律错误的上诉理由。

在被告索取保函项下款项的行为是否构成欺诈方面，二审法院认为诚然依据国际商会第 458 号出版物《见索即付保函统一规则》的规定，见索即付保函是独立保函，独立于基础合同，不受基础合同约束，只要符合保函规定的索赔条件，担保行就应当支付保函项下款项。但此种独立性在国际商业实践中在一定程度上为受益人进行欺诈性索款提供了便利，助长了商业欺诈，破坏了法律机制追求的公平价值。为避免这一问题，又确立了"欺诈例外"原则。国际司法实践中，对欺诈认定的普遍做法是要根据基础交易关系来确定是否构成欺诈。二审法院将之概括为：如果受益人没有对申请人主张索款的权利，那么索款要求就具有欺诈性。据此，二审法院认为衡量受益人有无主张索款的权利，必须结合基础交易合同的履行情况来加以判断。所以原审法院根据基础交易合同的履行情况来审查认定欺诈，并无不当。在此标准下，经审查，二审法院认为原告提供的证据材料足以证明其已经完全履约。被告以原告没有履约为由索取保函项下款项的行为已经构成欺诈，应属无效的民事法律行为，最终维持了一审法院的判决结果。

第二十二条 涉外独立保函未载明适用法律，开立人和受益人在一审法庭辩论终结前亦未就适用法律达成一致的，开立人和受益人之间因涉外独立保函而产生的纠纷适用开立人经常居所地法律；独立保函由金融机构依法登记设立的分支机构开立的，适用分支机构登记地法律。

涉外独立保函欺诈纠纷，当事人就适用法律不能达成一致的，适用被请求止付的独立保函的开立人经常居所地法律；独立保函由金融机构依法登记设立的分支机构开立的，适用分支机构登记地法律；当事人有共同经常居所地的，适用共同经常居所地法律。

涉外独立保函止付保全程序，适用中华人民共和国法律。

【条文解读】

适用法律和管辖法院一致是很必要的，虽然我们曾经多次做过外国法查明，但是，外国法查明这个事到最后确实显得有点儿戏。因为每个国家法律体系都不完全相同，即使是同一法系的国家某些具体的规定也是各有不同。比如同为大陆法系的中国法和波兰法对利息的期间的认定就有很大的区别，更不要说伊斯兰国家压根就不认可利息（《古兰经》认为大家都是兄弟姐妹，兄弟姐妹之间的借款不应该有利息）。

因此我们做的多次外国法查明的案件中，其实很多最终都是适用中国法来做判决的。即使中国法没有规定的，法官也更倾向于适用一些法理或原则来进行判决。因为法官很难判断双方律师提供的外国法规定是否正确、适当，或者说是否是现行适用的法律规定。而法官自己又没有合适的途径去进行外国法律查明，所以只好适用中国法或者司法原理来进行判决。

如上文所述，由于止付时间紧急，要在收到索赔函5天之内拿到法院止付令，因此肯定来不及做法律查明，所以只能适用中国法律。

第二十三条 当事人约定在国内交易中适用独立保函，一方当事人以独立保函不具有涉外因素为由，主张保函独立性的约定无效的，人民法院不予支持。

【条文解读】

这条明确了之前一个颇有争议的问题，就是独立保函是否只能适用于涉外交易，境内交易即使在保函中约定了独立担保也会被认定为从属性担保。笔者认为基本的法律原则不应该轻易地被否定或者扭曲，比如契约自由的原则。在本司法解释没有出台之前，笔者代理的案件中多次出现过这种情况：担保函里明确写的是见索即付独立保函，银行承担第一性付款义务。但一旦遭遇索赔，尤其是在保证金不足的情况下，银行会想尽办法不付，其中最常见的做法是银行主张根据担保法只有一般责任担保和连带责任担保，而没有独立担保。而之前最高院民二庭的态度是，由于担心高利贷泛滥，所以境内交易不承认独立担保，即使合同上约定了独立担保，最终法院也会判决该担保属于连带责任担保，银行无需直接付款，需要受益人先起诉申请人和银行，然后银行根据最终法院判决再履行担保责任。这种判决赤裸裸地违背了当事人在订立保函合同时的真实意思表示，不但使交易陷入了不确定性，也会将境外总包商置于两难境地。

中国公司在很多海外工程中作为总包商，在境外工程中给业主开立了独立保函，而让境内分包商给自己开立了等额的反担保函，反担保函中约定一旦担保函被索赔，总包商就可以在反担保函项下向境内分包商索赔。这是境外工程中最常见的交易安排，但按照之前的最高院判例，一旦境外业主索赔，银行直接对外进行了赔付，体现了先赔付后争议的理念。而总包商索赔的时候，由于属于境内交易，就要先去起诉银行和分包商，银行还可以援引分包商的抗辩，对总包商是极为不公平的。

第二十四条 对于按照特户管理并移交开立人占有的独立保函开立保证金，人民法院可以采取冻结措施，但不得扣划。保证金账户内的款项丧失开立保证金的功能时，人民法院可以依法采取扣划措施。

开立人已履行对外支付义务的，根据该开立人的申请，人民法院应当解除对开立保证金相应部分的冻结措施。

【条文解读】

之前已经有司法解释对于信用证项下的保证金账户有过明确规定，即申请人在担保银行开立的保证金账户可以冻结但是不可以扣划，而如果保证金丧失了保证金功能也就可以扣划了。

原理其实很简单，因为保证金是用来担保银行一旦对外付款可以直接扣划保证金账户内的保证金来保证自己没有损失的。因此，如果一旦保证金账户被扣划，那么银行的利益必然受到损失。从法理上讲，保证金账户里的这笔钱已经不能单纯算作申请人的财产了，可以在一定意义上算作担保银行的应收账款，因此如果直接被扣划肯定不合理，否则也不会有银行愿意开信用证或者保函了，或者以后银行直接让申请人把全部款项直接付给银行。但是这样就增加了申请人开立信用证或者独立保函的财务成本，所以这一条还是很必要的。

【相关法条】

《最高人民法院关于人民法院能否对信用证开证保证金采取冻结和扣划措施问题的规定法释》(1997)4 号

一、人民法院在审理或执行案件时，依法可以对信用证开证保证金采取冻结措施，但不得扣划。如果当事人认为人民法院冻结和扣划的某项资金属于信用证开证保证金的，应当提供有关证据予以证明。人民法院审查后，可按以下原则处理：对于确系信用证开证保证金的，不得采取扣划措施；如果开证银行履行了对外支付义务，根据该银行的申请，人民法院应当立即解除对信用证开证保证金相应部分的冻结措施；如果申请开证人提供的开证保证金是外汇，当事人又举证证明信用证的受益人提供的单据与信用证条款相符时，人民法院应当立即解除冻结措施。

二、如果银行因信用证无效、过期，或者因单证不符而拒付信用证款项并且免除了对外支付义务，以及在正常付出了信用证款项并从信用证开证保证金中扣除相应款额后尚有剩余，即在信用证开证保证金账户存款已丧失保证金功能的情况下，人民法院可以依法采取扣划措施。

第二十五条 本规定施行后尚未终审的案件，适用本规定；本规定施行前已经终审的案件，当事人申请再审或者人民法院按照审判监督程序再审的，不适用本规定。

【条文解读】

这是正常的做法，因为法不溯及既往是保持法律确定性的一个基本原则。最近出台的关于夫妻共同债务承担的司法解释就认为可以再审，对此笔者无法认同，实在不能为了所谓的公平正义就牺牲法律的确定性。法者，执天下之准绳也，一旦准绳动来动去的，那么结果必然是民之无所措手足。

第二十六条 本规定自 2016 年 12 月 1 日起施行。

【条文解读】

该司法解释到现在已经实施两年多了，但是对类似案件没有太大影响，因为该司法解释本身就是从之前司法实践中总结而来的。

附录一　各类保函文本模板

　　为了方便读者直观理解各类保函的内容，特附上之前本人起草的中英文版的各类保函文本模板。

BID SECURITY[①]
[Issuer's Letterhead]

To:［Name and Address of Beneficiary］[②]　　　　　　　［Date of Issuance］

Dear Sirs,

Whereas ［**name of Beneficiary**］("Beneficiary") has invited ［**name and address of Applicant**］("Applicant") for the construction of ［Description of the Project］, and whereas Applicant is submitting a bid (the "bid") and the bid should be accompanied by a bid bond ("Bid Bond") security.

At the request of Applicant, we ［**name and address of Issuer at place of Issuance**］("Issuer") issue this Bid Bond in favour of Beneficiary in an amount not to exceed in the aggregate ［Currency/Amount］[③].

Issuer undertakes to Beneficiary to pay the sum representing __ percent of the bid value upon receipt of your written demand presented to Issuer at ［Address of

---

　　① 投标保函是招标人就工程项目进行招标时，担保银行应投标人的请求而向招标人开立的银行保证书，保证投标人在开标前不中途撤销投标，中标后不拒绝签约和不拒绝交付履约金。否则，担保银行负责赔偿招标人的损失或在保函范围内向其支付规定的金额。其目的是能使招标人通过银行保函来约束投标人在中标后履行签约的义务。

　　② 受益人的名称要记载清楚，以避免出现第三方无理索赔的情形；为了能使保函及时抵达受益人手中，担保行应在保函中记载受益人的详细地址，以避免出现错投、误寄的发生。

　　③ 保函的金额必须明确、清楚，且对付款限额做出明确规定。

Place for Presentation〕 ①on or before 〔____:__M〕 ②our close of business on the expiration date.

Any demand for payment under this Bid Bond shall be in writing and shall be supported by a written statement stating:

a. Applicant has withdrawn his bid after submission and before the expiration of its validity period; or

b. Applicant has failed to enter into a contract with Beneficiary after notification of contract awards; or

c. Applicant as successful bidder has failed to establish an acceptable performance bond within __ calendar days after the effective date of the contract.

Any demand for payment must be signed by one of your authorized officers/ representatives. For authentication purpose, your written demand, if any, shall be sent to us through 〔name of bank〕 Bank after its confirmation of your signature, or shall be confirmed by 〔name of bank〕 Bank in the way of SWIFT MESSAGE to us.

Payment shall be effected by wire transfer to an account of Beneficiary 〔as follows: Name, Routing No. of Beneficiary's Bank and Beneficiary's account number or to another Beneficiary account〕 as Beneficiary directs in writing.

This Bid Bond shall take effect from the date of issuance and shall remain valid for a period of _____ calendar days after the opening date of bid. ③Upon its expiration, this Bid Bond shall be null and void, and shall be immediately returned to us for cancellation, any action of maintaining the original of this Bid Bond or any

---

① 由于担保行在保函项下的责任为凭单付款，只有在担保行收到了保函所规定的单据及其他索赔文件并经审核无误后才能付款，因此，保函应明确担保人的详细地址，对于限制受益人的交单地点，确定保函本身的到期地点，防止受益人向担保行的联号交单和索款现象的发生，都将是有利而无弊的，尤其是在签发保函的银行在世界各地具有多家分支机构网点的情况下则更应是如此。

② 此处应填写 5:00 PM 或其他营业截止时间。

③ 投标保函的有效期应该按照招标邀请文件中所规定的尺度来把握，但由于实际业务中招标文件对此并未做出明确规定的情况时有发生，故也可以比照卖方报价（OFFER）有效期的长短来推算。投标保函的有效期或者与报价的有效期相同，或者比报价的有效期稍长出 15~30 天为宜。

of its amendment shall then give no right to Beneficiary for lodging any more claim hereunder.[①]

Transfer of this Bid Bond is forbidden to take place no matter whether with or without the knowledge or prior consent of us or of Applicant, and we will only be responsible to the claim lodged by Beneficiary stated herein.[②]

This Bid Bond is subject to the Uniform Rules for Demand Guarantees of the International Chamber of Commerce (Publication No.758).[③]

Any dispute arising from the performance of, or in connection with, this Bid Bond shall be settled by the method of (　).

A. This Bid Bond is subject to the exclusive jurisdiction of the competent court of the place of business of Issuer.[④]

B. This Bid Bond shall be governed by, and construed in accordance with, the laws of the PRC. Any dispute arising from the performance of, or in connection with, this Bid Bond shall be settled by final and binding arbitration. The appointing authority shall be China International Economic and Trade Arbitration Commission (CIETAC). The place of arbitration shall be in Beijing at CIETAC offices. Any such arbitration shall be administered by CIETAC in accordance with the arbitration rules of CIETAC in effect at the time of arbitration. The dispute shall be adjudicated by three (3) arbitrators, one of whom shall be appointed by Beneficiary and one of whom by Issuer. The third arbitrator shall be appointed by both parties through negotiation, provided however that if the parties cannot decide upon the selection

---

① 凭借该保函归还条款，担保行明确声明其将不再承担逾期保函项下的赔付责任，从而使自己从逾期保函中解脱出来，除非保函的适用法律对此有其他规定。

② 保函转让，可能意味着担保行承担来自第三方即受益人之外的保函受让人出于自身利益考虑而做出无理索赔的额外风险，建议明确规定保函不得转让。

③ 本条款（适用 URDG758）规定与下一条款（中国法院／贸仲管辖），贵行可以根据实际情况选择其中之一。URDG758规定的管辖机构为担保人的营业地国有管辖权的法院，据此相关争议不能提交给仲裁机构解决，除非保函条款中有明确规定。

④ 适用法律和管辖权条款非常重要，在很多情况下甚至可以决定保函的性质以及当事各方的权利义务分配。建议在可行的情况下，担保行选择适用中国法律以及中国法院管辖或者中国国际经济贸易仲裁委员会仲裁管辖，一方面，担保行对此比较熟悉；另外一方面，相应的成本也较低。

of the third arbitrator, then the third arbitrator shall be appointed by CIETAC in accordance with the arbitration rules of CIETAC. The arbitration proceedings shall be conducted in Chinese. The arbitral award shall be final and binding upon the parties.

［Issuer's Name］ _____

［By its undersigned officer］ _____

［Type/Printed Name］ _____

［Title］ _____

中文参考译文

投标保函

（银行抬头）

致:（受益人姓名及住址）　　　　　　　　　　日期:

敬启者:

鉴于（受益人姓名）"受益人"已邀请（申请人姓名及住址）"申请人"参加（项目的描述）本建设项目，而申请人正在提交应附有投标保函作为担保的标书（"标书"）。

根据申请人的请求，本银行（开具保函银行名称及开具地）开立此投标保函担保支付给受益人总额不超过（保函金额）的款项。①

如贵方不晚于（　:　M）②银行效期截止日的停业时间向本行（单据提交地之住址）③提交书面付款请求，银行保证将向受益人支付相当于标价金额百分之（　）的金额。

此投标保函项下任何的付款请求均应以书面形式提交并通过书面文件进行证实，该证实文件应包括以下内容:

a. 申请人于提交标书之后并于其标书有效期内已撤标的；或

b. 申请人于收到发包通知后未能与受益人签订合同的；或

c. 申请人作为得标的投标人未能在合同生效日后的（　）历日内提供可

---

① 保函的金额必须明确、清楚，且对付款限额做出明确规定。

② 此处应填写 5:00 PM 或其他营业截止时间。

③ 由于担保行在保函项下的责任为凭单付款，只有在担保行收到了保函所规定的单据及其他索赔文件并经审核无误后才能付款，因此，保函应明确担保人的详细地址，对于限制受益人的交单地点，确定保函本身的到期地点，防止受益人向担保行的联号交单并索款现象的发生，都将是有利而无弊的，尤其是在签发保函的银行在世界各地具有多家分支机构网点的情况下则更应是如此。

接受的履约保函。

任何付款请求必须经由贵方经授权的工作人员/代表人签字。出于证明的目的,贵方如有书面请求的话,应当在(银行名称)银行确认贵方签名之后,通过(银行名称)银行发送给我们,或者通过经由(银行名称)银行确认过的 SWIFT 电文的方式发送给我们。[①]

付款应依受益人的书面指示电汇至受益人账户(格式为:名称,受益人指定银行编号,受益人账号,或至其他受益人账户)。

本保函自开立日起生效,且于开证日期后( )个历日内一直有效。[②]此投标保函逾期失效,并应被立即返还给我们进行注销。任何的继续持有本投标保函原件及其修订文本的行为都不能授予受益人带来任何主张本保函项下索款权的权利。[③]

保函不得转让,无论该种转让是否为我们或申请人所知,或是否为我们或申请人所同意;我们将只对此处所称的受益人提出的主张负责。[④]

本保函适用《国际商会见索即付保函统一规则》(第 758 号出版物)。

与本保函相关的一切争议,将采用如下第( )种方式进行解决:

(1)对与本保函有关的一切争议,本银行营业地的法院享有排他的管辖权。[⑤]

[①] 保函的受益人是保函项下唯一的索赔权利享有者,只有受益人才能凭借保函所赋予的权利提出索赔,为了保证做到这一点,防止保函被第三方非法动用而造成申请人的正当权益受到损害,同时也为了避免担保行因无法核实受益人的索赔文件是否确系该受益人所出具而陷入被动境地,保函中可以增加这样的鉴定条款。担保函可以根据实际情况对此条款做出相应修改。

[②] 投标保函的效期应该按照招标邀请文件中所规定的尺度来把握,但由于实际业务中招标文件对此并未做出明确规定的情况时有发生,故也可以比照卖方报价(OFFER)有效期的长短来推算。投标保函的有效期或者与报价的有效期相同,或者比报价的有效期稍长出 15~30 天为宜。

[③] 凭借该保函归还条款,担保行明确声明其将不再承担逾期保函项下的赔付责任,从而使自己从逾期保函中解脱出来,除非保函的适用法律对此有其他规定。

[④] 保函转让,可能意味着担保行承担来自第三方即受益人之外的保函,受让人出于自身利益考虑而做出无理索赔的额外风险,建议明确规定保函不得转让。

[⑤] 适用法律和管辖权条款非常重要,在很多情况下甚至可以决定保函的性质以及当事各方的权利义务分配。建议在可行的情况下,担保行选择适用中国法律以及中国法院管辖或者中国国际经济贸易仲裁委员会仲裁管辖,一方面,担保行对此比较熟悉;另外一方面,相应的成本也较低。

（2）因履行本保函而发生的，或与本保函有关的一切争议，均应提交仲裁机构仲裁；双方指定的仲裁机构是中国国际经济贸易仲裁委员会（以下简称 CIETAC），仲裁地为 CIETAC 位于北京的办公地点；仲裁规则应适用仲裁时 CIETAC 适用的有效的仲裁规则；仲裁庭应由 3 名仲裁员组成，其中一名仲裁员由银行指定，一名仲裁员由受益人指定，另一名仲裁员由双方通过协商确定，协商不成的，由 CIETAC 按照 CIETAC 仲裁规则指定。仲裁程序使用中文；仲裁裁决是终局且对双方皆具有拘束力。

（银行名称）＿＿＿＿＿＿＿＿＿＿＿＿＿＿＿＿＿＿＿＿＿

（官员签字处）＿＿＿＿＿＿＿＿＿＿＿＿＿＿＿＿＿＿＿＿

（打印签名）＿＿＿＿＿＿＿＿＿＿＿＿＿＿＿＿＿＿＿＿＿

（职务）＿＿＿＿＿＿＿＿＿＿＿＿＿＿＿＿＿＿＿＿＿＿＿

PERFORMANCE SECURITY①

[Issuer's Letterhead]

To: [Name and Address of Beneficiary]   [Date of Issuance]

Dear Sirs,

Whereas our client [**name and address of Applicant**] ("Applicant") has entered into an agreement with [**name of Beneficiary**] ("Beneficiary") dated [   ] (the **Contract**)②for [**the subject matter**] as further described in the Contract, and whereas the Contract contains an obligation on the part of Applicant to provide a performance bond ("**Performance Bond**") in the amount of [Currency/Amount] [equivalent of_____percent of the Contract Price] (the **Bond Amount**) by way of performance security.

At the request of Applicant, we [**name and address of Issuer at place of Issuance**] ("Issuer") issue this Performance Bond in favour of Beneficiary in an amount not to exceed in the aggregate [Currency/Amount].

Issuer undertakes to Beneficiary to pay the amount of each complying demand presented to Issuer at [Address of Place for Presentation] on or before [___:__M] our close of business on the expiration date.

Any demand for payment under this Performance Bond shall be in writing and

---

① 履约保函是担保银行应申请人的请求开立给受益人的银行保证书，保证申请人履行与受益人签订的合同中所规定的义务，否则，由银行向受益人支付保函中所规定的赔偿金。履约保函的适用范围很广泛，不仅用于一般的进出口贸易，而且还用于国际租赁、技术贸易、对外加工贸易、补偿贸易等。

② 为了防止受益人滥用权利现象的发生，担保行应在保函中将基础合同的名称、编号、项目描述记载准确、清楚。

shall be supported by a written statement stating①:

Applicant is in breach of his obligation(s) under the Contract or has not paid an amount which is due in respect of a previous breach (and specifying for information only the respect in which Applicant is or (in the case of a previous breach) was in breach of the Contract); or

Applicant is obliged to pay a termination sum under the Contract; or

Applicant is insolvent;

Any demand for payment must be signed by one of your authorized officers/representatives. For authentication purpose, your written demand, if any, shall be sent to us through [name of bank] Bank after its confirmation of your signature, or shall be confirmed by [name of bank] Bank in the way of SWIFT MESSAGE to us.

Payment shall be effected by wire transfer to an account of Beneficiary [as follows: Name, Routing No. of Beneficiary's Bank and Beneficiary's account number or to another Beneficiary account] as Beneficiary directs in writing.

The guaranteed amount shall be automatically and proportionally reduced in the step of the progress of the project. We shall reduce the guaranteed amount as per the Applicant's statement with relevant documents, and we will notify you the guaranteed amount after such reduction in a timely manner.②

This Performance Bond shall be valid from the date upon which we receive your written confirmation that you have received this Performance Bond. This Performance Bond shall expire on the earlier of: (a) **[the expected expiry of the Time for Completion under the Contract]**; or (b) the Time of Completion under the Contract [**this is the date stated in the Taking-Over Certificate or the date**

---

① 索赔条款的措辞一定要清楚、明确，以避免受益人与担保行在产生争议时对此各执一词的现象发生。

② 贵行可以根据履约保函所担保的基础交易的实际情况，在减额条款中明确，担保银行的担保责任将随着某一事件的出现或根据某种单据的提交而相应减少。我们建议贵行在该条款中明确，贵行担保责任的减少将根据申请人的声明做出，而并非受益人的声明或同意做出，以避免出现受益人恶意不减额，担保银行责任无法根据条款相应减少的风险。

that Completion is decided to have occurred in accordance with Clause __ of the Contract]; or (c) upon the Bond Amount being reduced to nil pursuant to the provisions of this Performance Bond. Upon its expiration, this Performance Bond shall be null and void, and shall be immediately returned to us for cancellation, any action of maintaining the original of this Performance Bond or any of its amendment shall then give no right to Beneficiary for lodging any more claim hereunder.

Transfer of this Performance Bond is forbidden to take place no matter whether with or without the knowledge or prior consent of us or of Applicant, and we will only be responsible to the claim lodged by Beneficiary stated herein.

This Performance Bond is subject to the Uniform Rules for Demand Guarantees of the International Chamber of Commerce (Publication No.758).[①]

Any dispute arising from the performance of, or in connection with, this Performance Bond shall be settled by the method of (   ).

A. This Performance Bond is subject to the exclusive jurisdiction of the competent court of the place of business of Issuer.

B. This Performance Bond shall be governed by, and construed in accordance with, the laws of the PRC. Any dispute arising from the performance of, or in connection with, this Performance Bond shall be settled by final and binding arbitration. The appointing authority shall be China International Economic and Trade Arbitration Commission (CIETAC). The place of arbitration shall be in Beijing at CIETAC offices. Any such arbitration shall be administered by CIETAC in accordance with the arbitration rules of CIETAC in effect at the time of arbitration. The dispute shall be adjudicated by three (3) arbitrators, one of whom shall be appointed by Beneficiary and one of whom by Issuer. The third arbitrator shall be appointed by both parties through negotiation, provided however that if

---

① 本条款（适用 URDG758）规定与下一条款（中国法院/贸仲管辖），贵行可以根据实际情况选择其中之一。URDG758 规定的管辖机构为担保人的营业地国有管辖权的法院，据此相关争议不能提交给仲裁机构解决，除非保函条款中有明确规定。

the parties cannot decide upon the selection of the third arbitrator, then the third arbitrator shall be appointed by CIETAC in accordance with the arbitration rules of CIETAC. The arbitration proceedings shall be conducted in Chinese. The arbitral award shall be final and binding upon the parties.

[Issuer's Name] _____

[By its undersigned officer] _____

[Type/Printed Name] _____

[Title] _____

中文参考译文

履约保函

（银行抬头）

致：（受益人姓名及住址）   日期：

敬启者：

鉴于我们的委托人（申请人姓名及住址）即保函申请人已经与本保函的受益人就（合同中的主要问题）[1] 达成（协议名称），详见本合同相关规定，且本合同中规定了由申请人通过履约保证的方式提供一份履约保函作为其合同义务的一部分，该履约保函中的担保金额相当于合同总价百分之（   ），数额为（   ）（担保金额）。

根据申请人的要求，本银行（开具保函银行名称及开具地）开立此履约保函担保支付给受益人总额不超过（保函金额）的款项。

如贵方在不晚于（   ：   M）银行效期截止日的停业时间之前将付款请求提交到银行（银行出具保函的营业地址），银行将根据每个提交给银行的付款请求向受益人支付款项。

此履约保函项下任何的付款请求均应以书面形式提交并通过书面文件进行证实，该证实文件应包括以下内容[2]：

i. 申请人违反其合同项下的义务或未支付有关上述违约合同中的应付款项（上述先前违约情形是指，申请人处于或曾处于违约状态。）；或

---

① 为了防止受益人滥用权利现象的发生，担保行应在保函中将基础合同的名称、编号、项目描述记载准确、清楚。

② 索赔条款的措辞一定要清楚、明确，以避免受益人与担保行在产生争议时对此各执一词的现象发生。

ii. 申请人有义务支付合同项下的终止款项；或

iii. 申请人无力偿付债务。

任何付款请求必须经由贵方经授权的工作人员 / 代表人签字。出于证明的目的，贵方如有书面请求的话，应当在（银行名称）银行确认贵方签名之后，通过（银行名称）银行发送给我们，或者通过经由（银行名称）银行确认过的 SWIFT 电文的方式发送给我们。

付款应依受益人的书面指示电汇至受益人账户（格式为：名称，受益人指定银行编号，受益人账号，或至其他受益人的账户）。

本保函项下的担保金额将随工程进度按比例自动递减。我们将按照申请人提交的附随相关文件的说明，来相应减少本保函项下的担保金额，并将减额之后的担保金额及时通知受益人。

本保函自本行收到贵方书面确认已收到本保函之日起生效。本保函到期日以下列日期中先到期者为准：(a) 合同项下预期的履约截止期限；或（b）合同项下的履约期限（记载于接管证书上的日期或根据合同条款该履约行为确定已发生）；或（c）根据本履约保函条款担保金额减少至零时。本履约保函逾期失效，并应被立即返还给我们进行注销。任何的继续持有本履约保函原件及其修订文本的行为都不能赋予受益人任何主张本保函项下索款权的权利。

保函不得转让，无论该种转让是否为我们或申请人所知，或是否为我们或申请人所同意；我们将只对此处所称的受益人提出的主张负责。

本保函适用《国际商会见索即付保函统一规则》（第 758 号出版物）。

与本保函相关的一切争议，将采用如下第（ ）种方式进行解决：

（1）对与本保函有关的一切争议，本银行营业地的法院享有排他的管辖权。①

（2）因履行本保函而发生的，或与本保函有关的一切争议，均应提交仲

---

① 适用法律和管辖权条款非常重要，在很多情况下甚至可以决定保函的性质以及当事各方的权利义务分配。建议在可行的情况下，担保行选择适用中国法律以及中国法院管辖或者中国国际经济贸易仲裁委员会仲裁管辖，一方面，担保行对此比较熟悉；另外一方面，相应的成本也较低。

裁机构仲裁；双方指定的仲裁机构是中国国际经济贸易仲裁委员会（以下简称 CIETAC），仲裁地为 CIETAC 位于北京的办公地点；仲裁规则应适用仲裁时 CIETAC 适用的有效的仲裁规则；仲裁庭应由 3 名仲裁员组成，其中一名仲裁员由银行指定，一名仲裁员由受益人指定，另一名仲裁员由双方通过协商确定，协商不成的，由 CIETAC 按照 CIETAC 仲裁规则指定。仲裁程序使用中文；仲裁裁决是终局且对双方皆具有拘束力。

（银行名称）_____

（官员签字处）_____

（打印签名）_____

（职务）_____

ADVANCE PAYMENT SECURITY①
[Issuer's Letterhead]

To: [Name and Address of Beneficiary]   [Date of Issuance]

Dear Sirs,

Whereas our client **[name and address of Applicant]** ("Applicant") has entered into an agreement with **[name of Beneficiary]** ("Beneficiary") dated (the **Contract**) for **[the subject matter]** as further described in the Contract. And whereas the Contract contains an obligation on the part of Applicant to provide a advance payment bond ("**Advance Payment Bond**") in the amount of [Currency/Amount] [equivalent of _____ percent of the Contract Price] (the **Bond Amount**) in connection with an advance payment of ____ percent of the Contract Price (the **Advance Payment**) and by way of advance payment security.

At the request of Applicant, we **[name and address of Issuer at place of Issuance]** ("Issuer") issue this Advance Payment Bond in favour of Beneficiary in an amount not to exceed in the aggregate [Currency/Amount].

Issuer undertakes to Beneficiary to pay the amount of each complying demand presented to Issuer at [Address of Place for Presentation] on or before [___:__M] our close of business on the expiration date.

Any demand for payment under this Advance Payment Bond shall be in writing and shall be supported by a written statement stating:

Applicant is in breach of his obligation (s) under the Contract or has not

---

① 预付款保函是指担保银行应货物买卖、劳务合作、资金借贷或其他经济合同一方当事人的请求，向合同另一方当事人开立的银行保证书，保证申请人履行与受益人签订的合同中所规定的义务，否则由银行负责向受益人偿还已预付的款项和利息，但支付不超过保函的担保金额。

paid an amount which is due in respect of a previous breach (and specifying for information only the respect in which Applicant is or (in the case of a previous breach) was in breach of the Contract); or

Applicant is obliged to pay a termination sum under the Contract; or

Applicant is insolvent;

This Advance Payment Bond shall become effective as from the date of receipt of the Advance Payment (as defined in the Contract) by Applicant, and the Bond Amount hereunder shall always correspond to the total advanced sum Applicant has actually received from you. The Bond Amount shall reduce in accordance with the terms of this Advance Payment Bond.

This Advance Payment Bond shall expire on either: (a) [**the expected expiry of the Time for Completion under the Contract**] (the **Expiry Date**) save in respect of any demands made before such date; or (b) upon the Bond Amount being reduced to nil pursuant to the provisions of this Advance Payment Bond; or (c) the date upon which we receive written confirmation from you that you have received the Performance Security (in accordance with and as defined in the Contract), whichever shall be the earlier. Upon its expiration, this Advance Payment Bond shall be null and void, and shall be immediately returned to us for cancellation, any action of maintaining the original of this Advance Payment Bond or any of its amendment shall then give no right to Beneficiary for lodging any more claim hereunder.

Such Bond Amount shall be reduced by the amounts repaid to you for the repayment of the Advance Payment under clause _____ of the conditions of Contract. Following receipt from you of notice which has been counter-signed by Applicant, the Bond Amount shall be reduced accordingly.[①]

---

① 减额条款容易产生争议，保函是担保行开给受益人的，如果仅仅约定由申请人向担保行出具减额通知，而未经受益人同意，一旦对此产生争议，担保行的权益就存在风险。建议由受益人向担保行出具减额通知，且该通知经申请人签字确认。

Any demand for payment must be signed by one of your authorized officers/representatives. For authentication purpose, your written demand, if any, shall be sent to us through [name of bank] Bank after its confirmation of your signature, or shall be confirmed by [name of bank] Bank in the way of SWIFT MESSAGE to us.

Payment shall be effected by wire transfer to an account of Beneficiary [as follows: Name, Routing No. of Beneficiary's Bank and Beneficiary's account number or to another Beneficiary account] as Beneficiary directs in writing.

Transfer of this Advance Payment Bond is forbidden to take place no matter whether with or without the knowledge or prior consent of us or of Applicant, and we will only be responsible to the claim lodged by Beneficiary stated herein.

This Advance Payment Bond is subject to the Uniform Rules for Demand Guarantees of the International Chamber of Commerce (Publication No.758).①

Any dispute arising from the performance of, or in connection with, this Advance Payment Bond shall be settled by the method of (　).

A. This Advance Payment Bond is subject to the exclusive jurisdiction of the competent court of the place of business of our bank.

B. This Advance Payment Bond shall be governed by, and construed in accordance with, the laws of the PRC. Any dispute arising from the performance of, or in connection with, this Advance Payment Bond shall be settled by final and binding arbitration. The appointing authority shall be China International Economic and Trade Arbitration Commission (CIETAC). The place of arbitration shall be in Beijing at CIETAC offices. Any such arbitration shall be administered by CIETAC in accordance with the arbitration rules of CIETAC in effect at the time of arbitration. The dispute shall be adjudicated by three (3) arbitrators, one of whom

---

① 本条款（适用 URDG758）规定与下一条款（中国法院 / 贸仲管辖），贵行可以根据实际情况选择其中之一。URDG758 第规定的管辖机构为担保人的营业地国有管辖权的法院，据此相关争议不能提交给仲裁机构解决，除非保函条款中有明确规定。

shall be appointed by Beneficiary and one of whom by Issuer. The third arbitrator shall be appointed by both parties through negotiation, provided however that if the parties cannot decide upon the selection of the third arbitrator, then the third arbitrator shall be appointed by CIETAC in accordance with the arbitration rules of CIETAC. The arbitration proceedings shall be conducted in Chinese. The arbitral award shall be final and binding upon the parties.

[Issuer's Name] _____

[By its undersigned officer] _____

[Type/Printed Name] _____

[Title] _____

中文参考译文：

预付款保函

（银行抬头）

致:（受益人姓名及住址）　　　　　　　　　　日期:

敬启者:

　　鉴于我们的委托人（申请人姓名及住址）即保函申请人已经与本保函的受益人就（合同中的主要问题）达成（协议名称），详见本合同相关规定，且本合同中规定了由申请人通过预付款保证的方式提供一份预付款保函（预付款保函）作为其合同义务的一部分，该履约保函中的担保金额相当于合同总价百分之（　　），数额为（　　）（担保金额），该担保金额与相当于合同总价百分之（　　）的预付款相匹配。

　　根据申请人的要求，本银行（开具保函银行名称及开具地）开立此预付款保函担保支付给受益人总额不超过（保函金额）的款项。

　　如贵方不晚于（　：　　M）银行效期截止日的停业时间之前将付款请求提交到银行（银行出具保函的营业地址），银行将根据每个提交给银行的付款请求向受益人支付款项。

　　此预付款保函项下任何的付款请均应以书面形式提交并通过书面文件进行证实，该证实文件应包括以下内容:

　　i.申请人违反其合同项下的义务或未支付有关上述违约合同中的应付款项（上述先前违约情形是指，申请人处于或曾处于违约状态。）；或

　　ii.申请人有义务支付合同项下的终止款项；或

　　iii.申请人无力偿付债务。

本预付款保函自申请人收到预付款（根据合同规定）之日起生效，下文中的担保金额应总相当于申请人实际已从贵方收到的预付款总额。担保金额应根据本预付款保函中的条款递减。

如发生一下情形中的任意一种，本保函将终止：(a)（合同项下预期的完成截止期限)(终止日期)除在上述日期之前提出任何相关的要求；或（b）当根据本预付款履约保函条款担保金额减少至零时；或（c）我们收到贵方的书面确认证明贵方已收到履约保函（根据合同中的规定），无论以上哪种情况先出现，本保函都将终止。本预付款保函逾期失效，并应被立即返还给我们进行注销。任何继续持有本预付款保函原件及其修订文本的行为都不能赋予受益人任何主张本保函项下索款权的权利。

该担保金额应依照合同中第（　　）条的规定，根据预付款中支付给贵方的偿付金额而递减。依据银行所收到的贵方与申请人联署的通知，相应地减少担保金额。①

任何付款请求必须经由贵方经授权的工作人员／代表人签字。出于证明的目的，贵方如有书面请求的话，应当在（银行名称）银行确认贵方签名之后，通过（银行名称）银行发送给我们，或者通过经由（银行名称）银行确认过的 SWIFT 电文的方式发送给我们。

付款应依受益人的书面指示电汇至受益人账户（格式为：名称，受益人指定银行编号，受益人账号，或至其他受益人账户）。

保函不得转让，无论该种转让是否为我们或申请人所知，或是否为我们或申请人所同意；我们将只对此处所称的受益人提出的主张负责。

本保函适用《国际商会见索即付保函统一规则》（第 758 号出版物）。

与本保函相关的一切争议，将采用如下第（　　）种方式进行解决：

（1）对与本保函有关的一切争议，本银行营业地的法院享有排他的管

---

① 减额条款容易产生争议，保函是担保行开给受益人的，如果仅仅约定由申请人向担保行出具减额通知，而未经受益人同意，一旦对此产生争议，担保行的权益就存在风险。建议由受益人向担保行出具减额通知，且该通知经申请人签字确认。

辖权。^①

（2）因履行本保函而发生的，或与本保函有关的一切争议，均应提交仲裁机构仲裁；双方指定的仲裁机构是中国国际经济贸易仲裁委员会（以下简称 CIETAC），仲裁地为 CIETAC 位于北京的办公地点；仲裁规则应适用仲裁时 CIETAC 适用的有效的仲裁规则；仲裁庭应由 3 名仲裁员组成，其中一名仲裁员由银行指定，一名仲裁员由受益人指定，另一名仲裁员由双方通过协商确定，协商不成的，由 CIETAC 按照 CIETAC 仲裁规则指定。仲裁程序使用中文；仲裁裁决是终局且对双方皆具有拘束力。

（银行名称）_____

（官员签字处）_____

（打印签名）_____

（职务）_____

---

① 适用法律和管辖权条款非常重要，在很多情况下甚至可以决定保函的性质以及当事各方的权利义务分配。建议在可行的情况下，担保行选择适用中国法律以及中国法院管辖或者中国国际经济贸易仲裁委员会仲裁管辖，一方面，担保行对此比较熟悉；另外一方面，相应的成本也较低。

PAYMENT SECURITY①

[Issuer's Letterhead]

To: [Name and Address of Beneficiary]   [Date of Issuance]

Dear Sirs,

Whereas our client [**name and address of Applicant**] ("Applicant") has entered into an agreement with [**name of Beneficiary**] ("Beneficiary") dated (the **Contract**) for [**the subject matter**] as further described in the Contract. And whereas the Contract contains an obligation on the part of Applicant to provide a payment bond ("**Payment Bond**") in the amount of [Currency/Amount] [equivalent of _____ percent of the Contract Price] (the **Bond Amount**) as payment security.

At the request of Applicant, we [**name and address of Issuer at place of Issuance**] ("Issuer") issue this Payment Bond in favour of Beneficiary in an amount not to exceed in the aggregate [Currency/Amount].

Issuer undertakes to Beneficiary to pay the amount of each complying demand presented to Issuer at [Address of Place for Presentation] on or before [___:__M] our close of business on the expiration date.

Any demand for payment under this Payment Bond shall be in writing and shall be supported by a written statement stating that Applicant is in breach of his payment obligation(s) within the time limit as stipulated in the Contract.

Any demand for payment must be signed by one of your authorized officers/

---

① 付款保函是指担保银行应进口方的要求向出口方出具的银行保证书，保证只要出口方按合同规定交运货物或技术引进方收到与合同规定相符的技术资料后，进口方或技术引进方一定履行部分或全部付款义务，否则由担保银行代为支付或承担赔付的责任。

representatives. For authentication purpose, your written demand, if any, shall be sent to us through 〔name of bank〕Bank after its confirmation of your signature, or shall be confirmed by 〔name of bank〕Bank in the way of SWIFT MESSAGE to us.

Payment shall be effected by wire transfer to an account of Beneficiary 〔as follows: Name, Routing No. of Beneficiary's Bank and Beneficiary's account number or to another Beneficiary account〕as Beneficiary directs in writing.

This Payment Bond shall be valid from the date upon which we receive your written confirmation that you have received this Payment Bond. This Payment Bond shall expire on _____. Upon its expiration, this Payment Bond shall be null and void, and shall be immediately returned to us for cancellation, any action of maintaining the original of this Payment Bond or any of its amendment shall then give no right to Beneficiary for lodging any more claim hereunder.

Transfer of this Payment Bond is forbidden to take place no matter whether with or without the knowledge or prior consent of us or of Applicant, and we will only be responsible to the claim lodged by Beneficiary stated herein.

This Payment Bond is subject to the Uniform Rules for Demand Guarantees of the International Chamber of Commerce (Publication No.758).[①]

Any dispute arising from the performance of, or in connection with, this Payment Bond shall be settled by the method of (　).

A. This Payment Bond is subject to the exclusive jurisdiction of the competent court of the place of business of our bank.

B. This Payment Bond shall be governed by, and construed in accordance with, the laws of the PRC. Any dispute arising from the performance of, or in connection with, this Payment Bond shall be settled by final and binding arbitration. The

---

① 本条款（适用 URDG758）规定与下一条款（中国法院／贸仲管辖），贵行可以根据实际情况选择其中之一。URDG758 第规定的管辖机构为担保人的营业地国有管辖权的法院，据此相关争议不能提交给仲裁机构解决，除非保函条款中有明确规定。

appointing authority shall be China International Economic and Trade Arbitration Commission (CIETAC). The place of arbitration shall be in Beijing at CIETAC offices. Any such arbitration shall be administered by CIETAC in accordance with the arbitration rules of CIETAC in effect at the time of arbitration. The dispute shall be adjudicated by three (3) arbitrators, one of whom shall be appointed by Beneficiary and one of whom by Issuer. The third arbitrator shall be appointed by both parties through negotiation, provided however that if the parties cannot decide upon the selection of the third arbitrator, then the third arbitrator shall be appointed by CIETAC in accordance with the arbitration rules of CIETAC. The arbitration proceedings shall be conducted in Chinese. The arbitral award shall be final and binding upon the parties.

［Issuer's Name］_____

［By its undersigned officer］_____

［Type/Printed Name］_____

［Title］_____

中文参考译文

付款保函

（银行抬头）

致:（受益人姓名及住址）　　　　　　　　日期:

敬启者:

　　鉴于我们的委托人（申请人姓名及住址）即保函申请人已经与本保函的受益人就（合同中的主要问题）达成（协议名称），详见本合同相关规定，且本合同中规定了由申请人通过付款保证的方式提供一份付款保函作为其合同义务的一部分，该付款保函中的担保金额相当于合同总价百分之（　　），数额为（　　）（担保金额）。

　　根据申请人的要求，本银行（开具保函银行名称及开具地）开立此履约保函担保支付给受益人总额不超过（保函金额）的款项。

　　如贵方不晚于（　　：　M）银行效期截止日的停业时间之前将付款请求提交到银行（银行出具保函的营业地址），银行将根据每个提交给银行的付款请求向受益人支付款项。

　　任何本付款保函项下的付款请求均应以书面形式提交并应有书面文件进行证实，该书面文件中应包括申请人违反合同义务未在合同规定的时限内付款。

　　任何付款请求必须经由贵方经授权的工作人员 / 代表人签字。出于证明的目的，贵方如有书面请求的话，应当在（银行名称）银行确认贵方签名之后，通过（银行名称）银行发送给我们，或者通过经由（银行名称）银行确认过的 SWIFT 电文的方式发送给我们。

付款应依受益人的书面指示电汇至受益人账户（格式为：名称，受益人指定银行编号，受益人账号，或至其他受益人的账户）。

本付款保函自本行收到贵方书面确认已收到本保函之日起生效。本付款保函将于（　　）到期。本付款保函逾期失效，并应被立即返还给我们进行注销。任何的继续持有本付款保函原件及其修订文本的行为都不能赋予受益人任何主张本保函项下索款权的权利。

本付款保函不得转让，无论该种转让是否为我们或申请人所知，或是否为我们或申请人所同意；我们将只对此处所称的受益人提出的主张负责。

本保函适用《国际商会见索即付保函统一规则》（第 758 号出版物）。

与本保函相关的一切争议，将采用如下第（　　）种方式进行解决：

（1）对与本保函有关的一切争议，本银行营业地的法院享有排他的管辖权。①

（2）因履行本保函而发生的，或与本保函有关的一切争议，均应提交仲裁机构仲裁；双方指定的仲裁机构是中国国际经济贸易仲裁委员会（以下简称 CIETAC），仲裁地为 CIETAC 位于北京的办公地点；仲裁规则应适用仲裁时 CIETAC 适用的有效的仲裁规则；仲裁庭应由 3 名仲裁员组成，其中一名仲裁员由银行指定，一名仲裁员由受益人指定，另一名仲裁员由双方通过协商确定，协商不成的，由 CIETAC 按照 CIETAC 仲裁规则指定。仲裁程序使用中文；仲裁裁决是终局且对双方皆具有拘束力。

（银行名称）＿＿＿＿＿＿＿＿＿＿＿＿＿＿＿＿＿＿＿＿＿

（官员签字处）＿＿＿＿＿＿＿＿＿＿＿＿＿＿＿＿＿＿＿

（打印签名）＿＿＿＿＿＿＿＿＿＿＿＿＿＿＿＿＿＿＿＿

（职务）＿＿＿＿＿＿＿＿＿＿＿＿＿＿＿＿＿＿＿＿＿＿

---

① 适用法律和管辖权条款非常重要，在很多情况下甚至可以决定保函的性质以及当事各方的权利义务分配。建议在可行的情况下，担保行选择适用中国法律以及中国法院管辖或者中国国际经济贸易仲裁委员会仲裁管辖，一方面，担保行对此比较熟悉；另外一方面，相应的成本也较低。

REFUND GUARANTEE①

[Issuer's Letterhead]

To: [Name and Address of Beneficiary]　　　　　　　[Date of Issuance]

Dear Sirs,

At the request of [　　　　　　　　　] Company Limited and in consideration of your agreeing to pay [　　　　　　] Company Limited and [　　　　　　　] Company Limited (hereinafter collectively called "the SELLER") the installments before delivery of the VESSEL under the Contract concluded by and amongst you, and the SELLER dated [　　　　　] for the construction of one (1) 51,800 dwt ice class 1A product oil tanker to be designated as Hull No. _____ (hereinafter called "the Contract"), subject to the following, we [**name and address of Issuer at place of Issuance**] ("Issuer"), the undersigned, do hereby irrevocably guarantee repayment to you of an amount up to but not exceeding a total amount of United States Dollars [　　　　　] only (USD [　　　　　]), representing the first instalment of the Contract Price of the VESSEL, United States Dollars [　　　　　] only (USD [　　　　　]), the second instalment of the Contract Price of the VESSEL, United States Dollars [　　　　　] only (USD [　　　　　]), the third instalment of the Contract Price of the VESSEL, United States Dollars [　　　　　] only (USD [　　　　　]), as you may have paid to and received by the SELLER under the Contract prior to the delivery of the VESSEL, if and when the same or any part thereof becomes

---

① 出口船舶预付款退款保函业务主要用于向国外船东指定的银行提供担保，保证如出口船舶合同因船厂方原因无法履行时，先期支付的预付款能全额退款。

repayable to you from the SELLER in accordance with the Contract. Should the SELLER fail to repay within [   ] days from the time of its receipt (as provided for in Paragraph [   ] of Article [   ] of the Contract) of the written notice of rescission of the Contract from you, we shall pay you the amount of such repayment together with interest calculated at the rate of _____ percent (____%) per annum if the cancellation of the Contract is exercised by you in accordance with any provision in Paragraph [   ] of Article [   ] of the Contract or at the rate of _____ (____%) per annum if the cancellation of the Contract is exercised by you in accordance with Paragraph [   ] of Article [   ] within [   ] days after our receipt of the relevant written demand from you for repayment.

Any demand for payment under the Letter of Guarantee shall be in writing and shall (in addition to such other documents as may be specified in the Letter of Guarantee) be supported by a written statement (whether in the demand itself or in a separate document or documents accompanying the demand and referred to in it) stating:

i. that the SELLER is in breach of his obligation(s) under the underlying contract; and

ii. the respect in which the SELLER is in breach.

Any demand for payment must be signed by one of your authorized officers/representatives. For authentication purpose, your written demand, if any, shall be sent to us through [name of bank] Bank after its confirmation of your signature, or shall be confirmed by [name of bank] Bank in the way of SWIFT MESSAGE to us.

However, in the event of any dispute between the SELLER and you with regard to the SELLER's obligation to repay the installment or installments paid by you and to your right to demand payment from the Refund Bank, under this Letter of Guarantee, and an arbitration has been commenced in respect thereof by the SELLER in accordance with Article [   ] of the Contract within [   ] days, we shall withhold and defer payment until the arbitration award between the SELLER and the BUYER is made and published and we shall not make any payment to the BUYER unless the arbitration award orders the SELLER to make payment and a certified copy of the arbitration award is given to us.

If the SELLER fails to honour the award within ［　　］ days after the award has been published, then we shall refund to you to the extent the arbitration award orders but not exceeding the aggregate amount available under this Letter of Guarantee plus the interest described above.

For the avoidance of doubt, your written demand for repayment of the proceeds available hereunder shall not be issued unless and until the aforesaid ［　　］ days has expired which demand can nevertheless be made notwithstanding the commencement of arbitration as aforesaid.

The said repayment shall be made by us in United States Dollars. Repayment shall be effected by wire transfer to your account ［as follows: Name, Routing No. of Beneficiary's Bank and Beneficiary's account number or to another Beneficiary account］ as you directs in writing.This Letter of Guarantee shall become effective from the time of the actual receipt of the first instalment by the SELLER from you and the amounts effective under this Letter of Guarantee shall correspond to the total payment actually made by you from time to time under the Contract prior to the delivery of the VESSEL. However, the available amount under this Letter of Guarantee shall in no event exceed above mentioned amount actually paid to the SELLER, together with interest calculated, as described above for the period commencing with the date of receipt by the SELLER of the respective instalment to the date of repayments thereof.This Letter of Guarantee shall remain in force until the earliest of:

the date on which the VESSEL has been delivered to and accepted by you; or

the date on which refund has been made by the SELLER or ourselves in the maximum amount under this Letter of Guarantee; or

_____, being the date _____ calendar days after the Delivery Date as defined in Article 〔 〕 of the Contract, provided that if before that date a dispute has been submitted either by the SELLER or by you in accordance with Article 〔 〕 of the Contract, then this Letter of Guarantee shall automatically be extended and shall continue in force until the date falling on the 〔 〕 calendar day after the arbitration award is published.

Upon its expiration, this Letter of Guarantee shall be null and void, and shall be immediately returned to us for cancellation, any action of maintaining the original of this Letter of Guarantee or any of its amendment shall then give no right to Beneficiary for lodging any more claim hereunder.

This Letter of Guarantee Bond is subject to the Uniform Rules for Demand Guarantees of the International Chamber of Commerce (Publication No.758).[1]

Any dispute arising from the performance of, or in connection with, this Letter of Guarantee shall be settled by the method of ( ).

A. This Letter of Guarantee is subject to the exclusive jurisdiction of the competent court of the place of business of our bank.

B. This Letter of Guarantee shall be governed by, and construed in accordance with, the laws of the PRC. Any dispute arising from the performance of, or in connection with, this Letter of Guarantee shall be settled by final and binding arbitration. The appointing authority shall be China International Economic and Trade Arbitration Commission (CIETAC). The place of arbitration shall be in Beijing at CIETAC offices. Any such arbitration shall be administered by CIETAC in accordance with the arbitration rules of CIETAC in effect at the time of arbitration. The dispute shall be adjudicated by three (3) arbitrators, one of whom shall be appointed by Beneficiary and one of whom by our bank. The third arbitrator shall be appointed by both parties through negotiation, provided however that if

---

[1] 本条款（适用 URDG758）规定与下一条款（中国法院/贸仲管辖），贵行可以根据实际情况选择其中之一。URDG758 规定的管辖机构为担保人的营业地国有管辖权的法院，据此相关争议不能提交给仲裁机构解决，除非保函条款中有明确规定。

the parties cannot decide upon the selection of the third arbitrator, then the third arbitrator shall be appointed by CIETAC in accordance with the arbitration rules of CIETAC. The arbitration proceedings shall be conducted in Chinese. The arbitral award shall be final and binding upon the parties.

［ Issuer's Name ］_____

［ By its undersigned officer ］_____

［ Type/Printed Name ］_____

［ Title ］_____

中文参考译文

还款保函

（银行抬头）

致:（受益人姓名及住址）　　　　　　　　　　日期:

敬启者:

根据（　　）有限公司的请求,并且考虑到贵方已同意依各方制定的合同于船舶交付之前向（　　）有限公司和（　　）有限公司（以上两个公司下文中总称为卖方）付款,在（协议名称）中约定该款项用于卖方建造一艘根据赫尔（　　）号（下文称为合同）指定的 1A 等级 51,800 本尼威特的油轮,依照下文,本银行（开具保函银行名称及开具地）在共（　　）美元（USD（　　））的限额内开立经本行签署的不可撤消的保函担保向贵方还款,该款项包括作为船的合同价的第一笔分期款（　　）美元（USD（　　）),第二笔分期款（　　）美元（USD（　　）),第三笔分期款（　　）美元（USD（　　）),当贵方于船舶交付之前依合同已经向卖方付款而卖方业已接受该款项,且如果根据合同的规定前述总款项或任一分期款项应当由卖方向贵方偿还之时,本行担保向贵方还款。假设卖方未能于收到贵方撤销合同的书面通知（根据合同第（　　）条（　　）款的规定）后（　　）日内还款,在本行收到贵方还款的书面请求后的（　　）日内,本行将向贵方支付附利息的应还款项,如贵方依照合同第（　　）条（　　）款的规定行使合同撤销权则利率为每年百分之（　　）（％）而如贵方依照合同第（　　）条（　　）款的规定行使合同撤销权则利率为每年百分之（　　）（％）。

本保函项下的任何付款请求均应以书面形式提交并应（除那些可能在保

函中指明的其他文件）通过书面文件（无论该书面文件是存在于付款请求本身的文件中抑或是单独存在的文件或者是付款请求中提到并附带的文件）进行证实，该证实文件应包括以下内容：

i. 卖方违反了其在基础合同项下的义务；和

ii. 卖方违约的情形。

出于证明的目的，贵方如有书面请求的话，应当在（银行名称）银行确认贵方经授权的工作人员 / 代表人签名之后，通过（银行名称）银行发送给我们，或者通过经由（银行名称）银行确认过的 SWIFT 电文的方式发送给我们。

而倘若贵方与卖方基于卖方的义务（卖方应偿付分期款或分期款由贵方预支且贵方有权要求还款行付款）所产生的争议，在本保函项下，如卖方根据合同中的（　）条在（　）天内就上述争议已提请仲裁的，本行将扣留并迟延付款直至卖方与买方的仲裁裁决裁定并颁布，除非仲裁裁决要求卖方付款且该裁决书的核定副本被送达至本行，否则本行将不会向买方支付任何款项。

如果卖方在仲裁裁决颁布后（　）天内未能履行裁决，本行将在仲裁裁决的限额内向贵方还款但该款项数额不得超过本保函项下可支付金额总额及其利息。

出于释疑的目的，在上述（　）天的期限届满前，贵方不应出具可用收益项下的书面还款请求，而当该期限届满后，则即使在已经提请仲裁的情况下贵方仍可出具书面还款请求。

本行将以美元的形式支付上述还款。还款应依贵方的书面指示电汇至贵方账户（格式为：名称，受益人指定银行编号，受益人账号，或至其他受益人账户）。

本保函自卖方实际收到贵方的首笔付款之日起生效，且本保函项下的有效金额应一直与交付船舶之前贵方根据合同多次付款的金额总额相等。然而，本保函项下的可用金额决不能超过上述提到的实际支付给卖方的款项及其利息的总额，付款期间如上所述，从卖方接收单笔款项之日起至其还款之日。

本保函的到期日以以下日期中先到期者为准：

船舶已交付至贵方且为贵方所接收之日；或

卖方已完成还款或本行已依本保函项下最大金额支付还款；或

（　），该日期为根据合同（　）条的规定的交付日后的第（　）历日，而如果在该日之前卖方或贵方根据合同（　）条的规定已将争议提交仲裁庭，则本还款保函将自动展期并持续有效直至仲裁判决颁布后的第（　）历日。

本还款保函逾期失效，并应被立即返还给我们进行注销。任何的继续持有本还款保函原件及其修订文本的行为都不能赋予受益人任何主张本保函项下索款权的权利。

本保函适用《国际商会见索即付保函统一规则》（第758号出版物）。

与本保函相关的一切争议，将采用如下第（　）种方式进行解决：

（1）对与本保函有关的一切争议，本银行营业地的法院享有排他的管辖权。[①]

（2）因履行本保函而发生的，或与本保函有关的一切争议，均应提交仲裁机构仲裁；双方指定的仲裁机构是中国国际经济贸易仲裁委员会（以下简称 CIETAC），仲裁地为 CIETAC 位于北京的办公地点；仲裁规则应适用仲裁时 CIETAC 适用的有效的仲裁规则；仲裁庭应由3名仲裁员组成，其中一名仲裁员由银行指定，一名仲裁员由受益人指定，另一名仲裁员由双方通过协商确定，协商不成的，由 CIETAC 按照 CIETAC 仲裁规则指定。仲裁程序使用中文；仲裁裁决是终局且对双方皆具有拘束力。

（银行名称）_____

（官员签字处）_____

（打印签名）_____

（职务）_____

[①] 适用法律和管辖权条款非常重要，在很多情况下甚至可以决定保函的性质以及当事各方的权利义务分配。建议在可行的情况下，担保行选择适用中国法律以及中国法院管辖或者中国国际经济贸易仲裁委员会仲裁管辖，一方面，担保行对此比较熟悉；另外一方面，相应的成本也较低。

保函开立申请书

致:〔　　〕银行有限公司〔　　〕分行:

本公司, ＿＿＿＿＿＿ 与 ＿＿＿＿＿＿(以下称"本公司")签订合同, 合同名称 ＿＿＿＿＿＿ (合同编号: ＿＿＿＿＿)(以下称"基础合同"或者"合同"), 根据合同的规定, 本公司需出具 ＿＿＿＿(金额)的 ＿＿＿＿＿＿ 保函(以下称"保函")予本公司作为担保。根据本公司和贵行于 ＿＿＿＿＿ 在 ＿＿＿＿ 签订的编号为 ＿＿＿ 的《融资授信协议》(以下简称"授信协议"), 本公司向贵行申请开立 ＿＿＿＿(金额)的 ＿＿＿＿＿ 保函, 保函格式和内容以贵行确认和实际开出格式为准(保函具体内容见附件, 一旦该保函格式和实际开出的保函格式不一致的, 以实际开出的保函为准)。

本公司谨向贵公司承诺如下:

(1)本申请书中的定义和融资授信协议中的定义保持一致。两者之间如出现不一致的, 以融资授信协议中的定义为准。

(2)一旦贵行被保函的受益人(或其他有权向贵行索款的当事人, 如有要求履行该保函项下的担保付款义务, 本公司承诺在贵行的要求下立即在 ＿＿＿＿ 个工作日内将等同于贵行赔付金额的款项以贵行要求的币种赔付给贵行, 并根据贵行指示支付到贵行指定账户。

(3)考虑到贵行内部记录和控制的需要, 本公司确认如下:

①就计算本公司在贵行的信用额度的使用之目的, 保函的生效日始于本公司依据合同规定收到本公司第一笔贷款之日起, 且以本公司书面通知贵行已经收到第一笔贷款以及贵行收到委托贷款合同项下贷款银行经证实的电文时为准;

②就计算本公司向贵行支付该保函的费用之目的, 保函的生效日始于本公司依据合同规定收到本公司第一笔贷款之日起, 且以本公司书面通知贵行

已经收到第一笔贷款以及贵行收到委托贷款合同项下贷款银行经证实的电文时为准。

（4）本公司向贵行承诺并确认：贵行收到受益人提交的保函规定的索赔文件后，贵行将行使绝对的和最终的自由裁量权，独立决定是否对受益人的索款要求做出付款或者拒付，而无需事先征求本公司的书面或口头同意，也无需考虑是否援引本公司在基础合同项下对受益人或其他索款人的任何抗辩。

（5）鉴于保证期间是否对保函适用不能确定，一旦贵行被受益人或其他索款人索款，本公司将按照本申请书的规定赔付贵行：

①无论在何种情形下，无论本保函规定的有效期与基础合同项下主债务的履行期限是否一致；或者

②在保函效期等于或早于基础合同项下主债务的履行期限，贵行因此可能最终被法院或者仲裁机构判决（如有）、裁定或裁决（如有）认定应当承担自基础合同项下主债务履行期限届满之日起六个月内的保证责任；或者

③在保函约定贵行将承担基础合同项下主债务的本金和利息及其他费用直至还清时为止，贵行因此可能最终被法院或者仲裁机构判决、裁定或裁决（如有）认定应当承担自基础合同项下主债务履行期限届满之日起两年内的保证责任。

本公司将根据贵行行使完全的自由裁量权认定的或法院判决最终认定的（如有）或仲裁机构最终裁定的期限承担对贵行的还款责任。

（6）本公司向贵行承诺并确认：在附件保函格式和内容或者贵行根据本公司指示而实际开立或随后修改或展期的任何格式和内容的保函条款之下，鉴于贵行承担的付款义务因中国法律规定和实际司法实务之间的差异，本公司特向贵行确认：无论因本交易项下发生纠纷后审理案件的法院（如有）或仲裁机构或其他机构做出并最终生效的判决、裁定或裁决认定：无论其根据保函条款和条件规定从而最终认定或判令贵行须承担对受益人或其他索款人承担第一性的付款责任或独立性付款保证责任，或者承担第二性的付款责任

或附属性担保付款责任，本公司均自愿放弃在中华人民共和国法律项下特别是《中华人民共和国担保法》第 20 条及相关担保法司法解释项下的所有针对贵行的抗辩。

（7）本公司向贵行承诺并确认：任何因本交易或与本交易有关的任何其他交易包括合同交易、保函交易、融资授信交易等原因，在境内或境外（如有）司法机构包括法院（如有）或仲裁机构或者其他具有强制执行效力的机构，无论是通过法院判决（如有）还是仲裁裁决还是其他任何形式的加诸贵行的任何义务和责任，包括但不限于支付保函项下全部或部分款项，包括任何形式的本金和利息以及费用等，均最终由本公司全部承担并负责全额偿还贵行。

（8）本公司进一步承诺，如因保函有关或引起的贵行的任何费用、损失、损害、第三方索赔，包括但不限于因本申请书、保函、融资授信协议以及基础合同等原因直接或间接引起的或本行被迫卷入的前述各类交易和合同纠纷而产生的一切费用包括但不限于诉讼费、仲裁费、保全费、律师费、差旅费、公证认证费以及翻译费等，均由本公司全部承担。

（9）本公司向贵行承诺并确认：鉴于本案保函在将来可能的纠纷案件中的诉讼时效的不确定性，即使贵行一旦根据贵行的完全和绝对的自由裁量权向受益人做出拒绝付款的表示，则本公司之前已经向贵行做出的或提供的或保证的一切担保物和担保措施，贵行可以继续持有或继续留置或继续占有或继续保有该等担保物直到最短两年或最长四年诉讼时效的终结，公司对此没有任何异议，在该等两年或四年内本公司也不要求贵行释放或归还或放弃或解除在该等担保物上的担保措施和担保权益。

（10）本申请书以及本申请书的附件保函文本均为贵行和本公司签订的融资授信协议之不可分割的组成部分，与其具有同等的法律效力。

（11）本公司在此声明如下：本公司清楚地知悉贵行签署人的授权权限；本公司已谨慎地阅读了本合同的所有条款和内容，应本公司的要求，贵行已就本申请书做了相应的说明与解释。本公司确认其对本申请书条款和内容的含义及相应的法律后果已全部知晓并对此充分理解。

【以下无正文】
【以上无正文】

（公司公章）

_____

被授权人签章

_____（公司名称）

日期：
地点：

附录二 相关案例的裁判评析及裁判文书

1. 招商银行股份有限公司成都科华路支行与成都华川进出口集团有限公司、第三人华川格鲁吉亚有限公司保函纠纷

[裁判评析]

（1）判断保函的担保范围不应仅依据保函名称而定，而应根据保函的实际内容进行综合判断。本案中，虽然保函名为《工程预付款保函》，但实际内容为银行的责任包括保证承包人将为工程目的使用预付款及承担预付款金额限额内的保证责任两个方面。在实务中，无论是银行还是交易双方，切忌想当然地将保函名称视为保函的担保范围，而是应重视保函的实际约定内容，对保函的范围、触发条件等关键内容进行严格地确认，以避免日后可能的纠纷。

（2）保函纠纷适用的准据法首先以保函载明的为准。在保函载明适用中国法的情况下，适用《联合国独立保证与备用信用证公约》的主张法院不予支持。在实务中，当事人应选择对自己有利的准据法，并将其明确写入保函中。

（3）实际付款日期迟于合同约定日期的，并不当然违约。本案中，银行是在明知预付款尚未支付的情况下出具的保函，因此银行以实际付款日期迟于合同约定的日期拒绝付款的理由未获法院支持。但是本案显然具有特殊性，在实务中，当事人应依据合同的约定在截止期限以前完成付款。如实在无法按时付款的，应及时与银行协商，并保留银行同意延期付款的书面证据，以争取最有利于当事人的情形。

（4）是否构成保函欺诈，关键在于受益人提交的违约证明是否符合保函的约定。其提交的证据同时要注意避免自我作证的问题。

（5）保函没有约定违约证明应当使用的语言文字，相关证明使用英文不违反保函约定的支付条件。

[中国最高人民法院（2014）民申字第 2078 号民事裁定书]

再审申请人诉称:

(1)四川希望华西建设工程总承包有限公司(以下简称华西建设公司)在竣工验收前并未停止施工,工程已验收合格并交付使用。案涉公共服务大厅项目包括了华西建设公司完成的安装、二装工程,c区的逾期交付是由于当地分包商的原因。华川格鲁吉亚公司是由华川进出口公司投资成立,该公司为华川进出口公司索赔出具违约证明,是自己给自己作证。(2)华川进出口公司没有提交与保函条款及 URDG758 相一致的单据。《工程预付款保函》约定,保证承包人为工程目的使用预付款,华川进出口公司索赔时却称华西建设公司没有正确和忠实地履行合同义务,明显与保函条款不一致。其他与 URDG758 条款规则不一致的情形还包括:未能安排足够的人力实施工程是非单据条件;没有提交受益人声明;华川格鲁吉亚公司是华川进出口公司投资注册并实际控制的公司,两公司人格混同,是不被 URDG758 允许的出单人;华川格鲁吉亚公司以英文出单,与保函语言不一致;英文违约证明的中文译本 2012 年 10 月 10 日才提交给保证人,超过了最迟交单日期;我国驻格鲁吉亚大使馆经济商务参赞处无证明华西建设公司是否违约的职责,《关于格鲁吉亚司法大楼项目最新进展事》不是格式化单据,列明的接受者是华川进出口公司,构成不相符交单;逾期提交违约证明及其他单据,是未完整交单等。(3)根据施工组织设计与合同条款第 38.3 条的约定,管理、施工能力、施工进度等问题均属华川进出口公司的责任。华川进出口公司付给华西建设公司的 1500 万元是工程进度款。华川进出口公司在工程已经竣工交付的情况下称华西建设公司未能正确忠实地履行合同约定义务、未能安排足够的人力实施工程,是欺诈索赔。(4)《中华人民共和国担保法》第五条并未具体调整本案独立保函当事人的权利义务。见索即付的前提是索赔单据必须与保函条款条件及 URDG758 规则严格相符。原判决片面强调见索即付,有失公正。根据《中华人民共和国涉外民事关系法律适用法》第二条规定的最密切联系原则,本案应当适用《联合国独立保证与备用信用证公约》,驳回华川进出口公司的索赔请求。

被申请人辩称：

（1）其与华川格鲁吉亚公司是各自独立的法人机构，不能仅凭华川进出口公司是出资人就认为二者人格混同。（2）《工程质量验收记录》仅能证明项目工程完工，不能证明是否由承包人完成及有无违约行为。（3）招行科华支行拒付通知中的拒付理由只有一个，即华川进出口公司支付预付款的时间晚于基础合同约定的时间。根据 URDG758 规则第 24 条，担保人给出拒付理由只有一次机会，故本案争议只需审查其拒付理由是否成立。（4）本案的保函争议不应受基础合同关系的影响，招行科华支行称本案的保函索赔构成欺诈，没有事实依据。

本院认为：

在华川进出口公司作为发包人和承包人华西建设公司签订的《协议书》中，约定由承包人向发包人提供履约担保。此后，应华西建设公司的要求，招行科华支行向华川进出口公司出具了《工程预付款保函》。从该保函的内容上看，招行科华支行的责任包括保证承包人将为工程目的使用预付款及承担预付款金额限额内的保证责任两个方面。因此，《工程预付款保函》是招行科华支行为华西建设公司提供的履约担保，该担保并非仅针对预付款的使用，招行科华支行该项理由不能成立。

案涉保函载明适用我国法律，因此中华人民共和国法律是处理本案的准据法。再审申请人招行科华支行认为应当适用《联合国独立保证与备用信用证公约》的理由不能成立。本案合同当事人未约定适用国际商会 758 号出版物《见索即付保函统一规则》来处理合同争议，在原审法院审理过程中，招行科华支行也认为不能适用《见索即付保函统一规则》，原审法院亦未援引该规则作为裁判依据。因此，招行科华支行依据该规则而提出的相关理由均无法律依据，本院不予采纳。原审法院依据《中华人民共和国担保法》的规定对本案进行审理并无不当。招行科华支行应当在符合保函约定的情况下承担担保责任。

华川进出口公司与华西建设公司 2011 年 12 月 21 日签订的《协议书》约定，预付款应当在合同签订后一周内支付。虽然预付款实际上于 2012 年 1 月 12 日支付，但招行科华支行《工程预付款保函》的出具日期是 2011 年 12 月 29 日，其内容表明，招行科华支行当时知晓华川进出口公司"将按合同要求向承包人提供金额为人民币壹仟伍佰万元整的预付款"，即该行是在明知预付款尚未支付的情况下出具了该保函。对于预付款的支付日期，保函没有进行限定。招行科华支行以华川进出口公司未能在合同签订日后一周内支付预付款作为拒付的理由，缺乏事实依据。

华川格鲁吉亚公司出具的违约证明、我国驻格鲁吉亚大使馆经济商务参赞处出具的《关于格鲁吉亚司法大楼项目最新进展事》，均证明案涉工程存在承包方人力不足、很难按时完工，导致项目业主直接参与工程施工的情形，案涉工程实际上也未按《协议书》约定的日期完工。原审法院认定华川进出口公司提交的违约证明符合保函约定的支付条件，有事实依据。华川格鲁吉亚公司和华川进出口公司是相互独立的法人单位，不存在自我作证的问题。招行科华支行称华川进出口公司的索赔构成欺诈，证据不足。案涉保函没有约定违约证明应当使用的语言文字，相关证明使用英文不违反保函约定的支付条件。招行科华支行所称的《协议书》合同条款第 38.3 条约定的是"发包人配合范围"，故其主张管理、施工能力、施工进度等问题按照合同约定均应由华川进出口公司承担的责任，没有事实依据。

综上，招行科华支行申请再审的理由不能成立，其再审申请不符合《中华人民共和国民事诉讼法》第二百条规定的情形。本院依照《中华人民共和国民事诉讼法》第二百零四条第一款的规定，裁定如下：

裁判结果：
驳回招商银行股份有限公司成都科华路支行的再审申请。

2. 中国建设银行股份有限公司上海闸北支行、中国建设银行股份有限公司上海市分行诉被告上海美特幕墙有限公司、上海华联天脉涂镀钢板有限公司担保追偿权纠纷①

[裁判评析]

（1）保函中约定银行有权独立判断担保函受益人的索赔要求是否符合保函的约定的，对外赔付无须事先征得当事人的同意。

（2）若银行及一方当事人对迟延支付的款项没有提出异议，且一方当事人就此使用了该迟延支付的预付款的，可以推定迟延支付的预付款没有对另一方当事人的利益造成实质性的负面影响，不会影响保函的生效。

（3）《见索即付保函统一规则》(URDG458)对保函生效问题的相关规定，认为只要约定了生效条件，除非以书面形式修改，否则该保函不生效。但在我国的司法实践中，法院认为上述规则属于国际惯例，并非强制性规定。如果保函双方当事人以其他方式一致认可且没有任何争议，那么该保函的相应修改同样应得到确认。

（4）就本质而言保函属于合同，对于保函的设立、变更及终止应当取决于合同当事人的意志。因此，即便在保函实际履行过程出现与保函书面约定不一致的情形，只要受领的一方没有提出异议的，应视为双方通过行为达成了新的合意，从而变更了保函中的原有内容。所以在实务中，一旦出现履行不符合约定的，受领的一方应及时提出异议并保留相关证据，如此才能受到保函的保护。否则将被视为对履行一方的同意，在诉讼中将处于较为被动的地位。

[上海市高级人民法院（2011）沪高民五(商)终字第23号民事判决书]

---

① 本案经过上海市第二中级人民法院一审、上海市高级人民法院二审以及最高人民法院再审，一审、二审、再审的案号分别为（2011）沪二中民六(商)初字第5号民事判决、（2011）沪高民五(商)终字第23号民事判决。

原审法院查明：

（1）某行闸北支行与某公司签订编号为 31067-02-0000101 的《出具保函协议》；（2）某行上海支行向马士礼格银行开具编号为 31067-02-0000101、金额为 8,898,998 美元的反担保函；（3）根据某公司的申请，上海市第二中级人民法院（以下简称二中院）于 2010 年 2 月 24 日裁定中止支付反担保函项下款项 8,898,998 美元；（4）2011 年 3 月 3 日，二中院裁定解除中止支付；（5）2011 年 3 月 22 日，某行上海支行向马士礼格银行支付反担保函项下款项 8,898,998 美元；（6）某行闸北支行与某公司签订《最高额保证合同》。

另查明以下事实：

（1）某行上海支行向马士礼格银行开具的反担保函载明："本保函只有当被贵方收到的 8,898,998 美元预付款在本保函出具日期后 45 天内汇付并到达我行，并应经贵方传输给我行的经 SWIFT 鉴证的电文确认时方始有效。"此后，反担保函的上述内容于 2008 年 6 月 27 日、7 月 9 日、7 月 16 日历经修改，最终修改为"……本保函出具日期后 79 天内汇付并到达我行……"，其他条款保持不变。庭审中，某行上海支行、某公司一致确认：①反担保函出具日期后的 79 天是 2008 年 8 月 9 日；②马士礼格银行预付款保函项下款项 8,898,953 美元汇到某行上海支行的日期为 2008 年 8 月 13 日；③某公司于次日收到该笔款项后直至 2010 年之前，未对预付款逾期到账提出异议。某公司还确认：保函要设定生效条件是其与外方在基础合同中约定的，对预付款到账时间的要求也是其向某行上海支行提出的；反担保函的几次修改是由马士礼格银行通知某行上海支行，某行上海支行再通知某公司，某公司对修改生效日期是确认的。

（2）2010 年 2 月 11 日，马士礼格银行通过经鉴证的 SWIFT 电文向某行上海支行发出索赔函，称："我们已经收到受益人的有效索偿，要求根据我行的 Q003261 号预付款保函支付 8,898,998 美元。既然它们已经按照保函条款提交了索赔书，请经由美国纽约州纽约市联邦储备银行向马士礼格银行纽约分行电汇 8,899,564 美元（其中 8,898,998 美元为保函索偿金额、466 美元为未付佣金、另加我行电传费 100 美元)。"该索赔函引用了某行上海支行反担保函的编号，但未引用出具日期。同月 21 日、23 日，马士礼格银行又连续向某行上海支行发出相同内容的索赔函。

（3）2010 年 2 月 20 日，某公司委托律师致函某行闸北支行称：反担保函并不生效，一旦反担保函受益人申请索赔，应当拒绝支付。同月 22 日，某行闸北支行回函某公司称：鉴于反担保函属于见索即付保函，建行有权独立判断索赔要求，故请某公司在 2 月 24 日之前准备足额资金，以便对外赔付。同月 23 日，某公司以 ALHABTOOR 公司涉嫌利用反担保函欺诈等为由，向二中院申请中止支付反担保函。在二中院裁定中止支付后，某公司向二中院提起诉讼，请求终止支付反担保函项下款项。同年 4 月 12 日，某公司向二中院申请撤诉获准。

（4）在某行上海支行向马士礼格银行支付了反担保函项下款项后，马士礼格银行于 2011 年 4 月 13 日、5 月 1 日向某行上海支行发出催款函，要求结算根据伦敦同业拆借利率加 4% 计算所得的利息 421,355 美元 (2010 年 2 月 11 日至 2011 年 3 月 22 日) 及法律费用 56,638.50 美元，合计 477,993.50 美元。同年 6 月 2 日，某行上海支行向马士礼格银行支付了上述利息和费用。同年 6 月 8 日，马士礼格银行致函某行上海支行，确认收到逾期利息和法律费用。

（5）2011 年 3 月 22 日，即对外支付反担保函项下款项的当日，某行上海支行从某公司保证金账户扣款人民币 53,647,125.57 元。按当日购汇牌价 6.556 计算，折合 8,182,905.06 美元。该笔美元资金，其中 4,489,999 美元用于支付某行上海支行开具的另一反担保函 (编号 31067-02-0000094) 项下款项 4,489,999 美元，剩余资金 3,692,906.06 美元用于支付本案所涉反担保函项下的部分款项。某公司账户内尚有人民币 1,068 万元，不属于双方约定的保证金。据此，某行上海支行为某公司垫付的反担保函项下款项本金为 5,206,091.94 美元。

（6）2011 年 5 月，上海虹桥正瀚律师事务所接受某行闸北支行的委托，就某行闸北支行与某公司担保函所引发纠纷案件的一、二审阶段诉讼提供法律服务，双方为此签订了专项法律服务委托协议，约定基本律师费为人民币10万元。同月12日，某行闸北支行向该所支付了上述费用。同年2月至5月，上海上外翻译总公司根据某行闸北支行的委托翻译了为诉讼准备的文件，并开具了人民币1万元的翻译费发票。

原审法院认为：

某行闸北支行、某行上海支行系中国建设银行股份有限公司下属的领取营业执照的分支机构，均具有诉讼主体资格。两银行据以提起诉讼的商事合同主体为某行闸北支行，由某行上海支行履行开立保函的义务是基于其与某行闸北支行的隶属关系以及该行内部的业务分工，并非《出具保函协议》中的银行主体发生变更。因此，有权依据《出具保函协议》向某公司主张权利的当事人应为某行闸北支行。某行上海支行虽与本案事实有关，但其不应在本案中主张实体权利。

某行闸北支行分别与某公司、某公司签订的《出具保函协议》、《最高额保证合同》，均是双方当事人的真实意思表示，不违反法律、行政法规的强制性规定，应属有效合同。某行上海支行根据《出具保函协议》开立的反担保函，符合我国关于对外担保的有关规定，同样合法有效。某公司辩称《出具保函协议》、《最高额保证合同》无效的意见，没有法律依据，法院不予采信。

本案的争议焦点在于涉案的反担保函是否生效以及某行闸北支行是否有权向某公司行使追偿权。原审法院认为：

（1）《出具保函协议》约定某行闸北支行有权独立判断反担保函受益人的索赔要求是否符合反担保函的约定，对外赔付无须事先征得某公司同意。根据此项约定，某行闸北支行已获得授权可自行判断索赔要求并确定是否支付，而反担保函生效与否自然成为某行闸北支行判断索赔要求的题中之意。《出具保函协议》并未排斥某行闸北支行不能独立判断反担保函的效力，原因就在于某行闸北支行自身就是反担保函的开立人，其完全有权对此进行独立判断，除非当事人之间另有约定。因此，某公司辩称某行闸北支行的独立判断权限定在反担保函生效后才成立的意见，缺乏事实依据，法院不予采信。

（2）反担保函与《出具保函协议》互为联系但各自独立，分属不同的法律关系，约束不同的当事人。反担保函的当事人有两方，即担保人某行上海支行和受益人马士礼格银行。虽然反担保函在客观上体现了基础合同当事人的意思表示，但在法律上只能是根据担保人与受益人的意思表示来确定。本案事实表明，外方预付款有迟延支付至境内的情况，该节事实确实与反担保函约定的生效条件不相符。但作为反担保函的当事人，某行闸北支行并未就此提出异议。作为某行闸北支行背后的保函申请人，某公司既未拒绝收款或退款，也未提出异议，相反却是使用了外方预付款。直至马士礼格银行提出索赔后，某公司才提及反担保函未生效之事，期间已长达一年半之久。由此可见，根据基础合同关系中某公司的履行行为，可以推定预付款到账迟延并未对某公司造成实质性负面影响，从而也不应对反担保函的生效产生实际影响。更为重要的是，对反担保函的生效与履行，应该只取决于反担保函当事人的意志，除非有国家强制力干预。本案中，某行上海支行与马士礼格银行对反担保函已生效并应予履行的态度并无二致，这完全可以从双方往来电文中得到印证。某公司答辩中提及《见索即付保函统一规则》(URDG458) 对保函生效问题的相关规定，认为只要约定了生效条件，除非以书面形式修改，否则该保函不生效。上述规则属于国际惯例，并非强制性规定。如果保函双方当事人以其他方式一致认可且没有任何争议，该保函的相应修改同样应得到确认。因此，某公司辩称反担保函从未生效的观点难以成立，法院不予采信。

（3）关于马士礼格银行的索赔函是否存在不符点的问题，某公司的答辩意见不能成立。首先，马士礼格银行在索赔函中虽然援引其保函受益人的索赔请求，但索赔函是以该行的名义向某行上海支行发出的；其次，索赔函未引用反担保函的出具日期，在表面上与反担保函的约定不完全相符，但并不导致相互之间产生任何歧义，故索赔函不应认定为不符点。某公司另提出索赔欺诈的抗辩意见，对此原审法院仍持 (2010) 沪二中民六 (商) 初字第 14 号民事裁定书中已表明的观点及理由，不再赘述。

（4）为客户开具独立保函，属于银行的授信业务。《出具保函协议》既具有借款合同性质，也具有委托合同性质。根据借款合同关系，银行为其客户垫付资金，双方构成借贷关系，客户应当偿还借款。根据委托合同关系，委托人可以概括委托受托人处理一切事务；受托人应当按照委托人的指示处理委托事务；因受托人过错或者超越权限给委托人造成损失的，应当赔偿损失。基于上述分析，某行闸北支行在接受某公司委托办理反担保函过程中，不违反协议约定，也不违反法律法规的强制性规定，遵循了国际惯例关于担保人应当合理谨慎履行义务的基本要求，不存在过错。故某公司关于某行闸北支行越权处理委托事务、对外赔付损失应由某行闸北支行自负的答辩意见，缺乏事实和法律依据，法院不予采信。

（5）关于某行闸北支行可以主张追偿的数额，按照《出具保函协议》的约定，除了某行闸北支行已对外支付的反担保函项下本金外，还应包括因对外逾期支付所产生的利息、费用以及某行闸北支行垫付资金所产生的利息、实现债权所发生的费用等。根据本案事实，具体应包括以下几项：①反担保函项下本金 8,898,998 美元，扣除保证金中已用于支付本案所涉款项的部分资金 3,692,906.06 美元，尚余本金 5,206,091.94 美元可进行追偿。②逾期对外赔付所形成的利息 421,355 美元（计算起止时间 2010 年 2 月 11 日至 2011 年 3 月 22 日）和法律费用 56,638.50 美元，该息费金额系反担保函的受益人提出，担保人一经审核无误，见索即付。由于二中院曾根据某公司的申请，于 2010 年 2 月 24 日裁定中止支付反担保函项下款项，直至 2011 年 3 月 3 日二中院裁定解除中止支付。因此，由某行闸北支行已承担的对应中止支付期间所产生的逾期利息数额为 387,980.28 美元，可以向某公司追偿；法律费用 56,638.50 美元可以全额追偿；其余部分利息，某行闸北支行无权追偿。③某行闸北支行垫付资金之日起至本判决生效之日止的逾期利息。根据以上确定的追偿本金 5,206,091.94 美元、利息 387,980.28 美元和法律费用 56,638.50 美元，以某行闸北支行对外支付之日的外汇牌价换算为人民币后，按协议约定的每日万分之二点一的利率标准计收。④某行闸北支行为实现债权支付的律师费人民币 10 万元和翻译费人民币 1 万元属于协议约定的追偿范围，其有权向某公司主张。鉴于该费用系对应包括本案在内的两个案件的支出，法院根据两案不同的诉讼标的额做出分割后支持相应的数额。另，该费用不属于某行闸北支行垫付资金，不存在就该费用计付违约金的问题，故某行闸北支行就此提出的诉请不予支持。

某公司作为某公司的保证人，应当依法承担连带保证责任，其保证责任范围为某公司依法应承担的责任数额。某公司认为其保证期间为 2008 年 4 月 1 日至 2009 年 3 月 31 日，本案讼争债务已过保证期间。根据保证合同的约定，上述期间系指主合同形成期间，并非保证期间。合同对保证期间的约定明确无误，并无歧义，某公司的保证责任属于保证期间内。此外，某行闸北支行还向某公司主张违约金。按照《最高额保证合同》的约定，如果保证人未在某行闸北支行要求的期限内支付应付款项，应自逾期之日起至保证人向某行闸北支行支付全部应付款项之日止，根据迟延付款金额按每日万分之二点一向某行闸北支行支付违约金。上述约定内容虽超过主债务的范围，但属于双方合意，法律对此并不禁止，当属有效。由于某行闸北支行在本案诉讼之前并未单独向某公司催款，因此某公司承担的违约金应当从某行闸北支行提出诉讼主张之日起算。

据此判决：（1）某公司应于本判决生效之日起十日内给付某行闸北支行因反担保函对外赔付所产生的垫付资金 5,206,091.94 美元。（2）某公司应于本判决生效之日起十日内偿付某行闸北支行上述垫付资金 5,206,091.94 美元换算为等值人民币后，自 2011 年 3 月 22 日起至本判决生效之日止的逾期利息（以中国外汇交易中心 2011 年 3 月 22 日的人民币兑美元中间价、日利率万分之二点一计算）。（3）某公司应于本判决生效之日起十日内给付某行闸北支行因反担保函对外赔付的利息款 387,980.28 美元、法律费用 56,638.50 美元，合计 444,618.78 美元。（4）某公司应于本判决生效之日起十日内给付某行闸北支行上述垫付息费 444,618.78 美元换算为等值人民币后，自 2011 年 6 月 26 日起至本判决生效之日止的逾期利息（以中国外汇交易中心 2011 年 6 月 2 日的人民币兑美元中间价、日利率万分之二点一计算）。（5）某公司应于本判决生效之日起十日内偿付某行闸北支行律师费人民币 96,000 元、翻译费人民币 9,600 元。（6）某公司对本判决第一至第五项的付款义务在人民币 8,000 万元限额内承担连带保证责任；在承担保证责任后，有权向某公司追偿。（7）某公司应于本判决生效之日起十日内偿付某行闸北支行按日利率万分之二点一计算的迟延付款违约金（以本判决第一、二项确定款项为基数，自 2011 年 3 月 30 日起计算；以本判决第三项确定款项为基数，自 2011 年 5 月 16 日起计算；以本判决第四项确定款项为基数，自 2011 年 6 月 15 日起计算；均计付至本判决生效之日）。（8）对某行闸北支行、某行上海支行的其他诉讼请求不予支持。

上诉人某公司诉称：

（1）某行上海支行不应作为本案原告。某公司与某行上海支行之间无直接的法律关系，原审判决亦已经确认某行上海支行无权主张实体权利，某行上海支行不应作为本案原告。（2）系争反担保函未生效。外方预付款迟延支付至境内，与反担保函约定的生效条件不符，根据 URDG458 的相关条款，系争反担保函未生效。（3）索赔函未引用反担保函的出具日期，存在不符点。（4）某行闸北支行主张的垫款金额、对外支付的利息损失和法律费用没有依据，原审法院认定事实错误。（5）某行闸北支行在系争反担保函未生效，且索赔函存在明显不符点的情况下向马士礼格银行付款，违反了《出具保函协议》的约定，未审慎履行委托义务，无权向某公司追偿。综上，请求二审法院撤销原判，驳回某行闸北支行和某行上海支行的原审诉讼请求。

上诉人某公司诉称：

（1）某公司不应承担担保责任。主要理由如下：①某行闸北支行不具备对外担保的资格和业务范围，《出具保函协议》应为无效。②系争反担保函未生效，索赔函存在不符点，某行闸北支行向马士礼格银行付款违反了《出具保函协议》的约定，无权向某公司追偿。③某行闸北支行与某公司修改反担保函生效条件，并未通知某公司，根据《中华人民共和国担保法》第二十四条的规定，某公司不再承担担保责任。（2）原审法院对利息的起算日期、利息的计算标准、法律费用损失计算等认定错误。综上，请求二审法院撤销原审判决第一至第七项，驳回某行闸北支行与某行上海支行的原审诉讼请求。

被上诉人辩称：

（1）根据《出具保函协议》第四条的约定，某行上海支行对于系争保函具有独立判断权，保函是否生效，应当取决于保函当事人的意志，某行上海支行与马士礼格银行对保函有效并无异议。（2）马士礼格银行的索赔函不存在不符点。由于系争保函编号是唯一的，即使不注明日期，亦不会造成任何误解。（3）某行闸北支行与某行上海支行在对外付款过程中已尽到合理谨慎义务，有权向某公司追偿。（4）某公司应当承担保证责任。《出具保函协议》和《最高额保证合同》合法有效，某公司承担担保责任的依据是《出具保函协议》而非保函本身，《出具保函协议》未发生变更。（5）原审法院对垫付钱款、对外支付的利息以及法律费用的认定正确。综上，请求二审法院驳回上诉人某公司和某公司的上诉请求，维持原判。

本院查明：

二审期间，上诉人某公司提供其与某行闸北支行签订的编号为ZGE2008001的《最高额抵押合同》、上海市房地产登记簿房地产抵押状况信息表、2011年4月13日与6月9日的特种转账借方凭证各一份，以此证明某行闸北支行在持有2,800多万元担保物以及担保资金的情况下，申请法院查封600万美元系超额保全。某行闸北支行和某行上海支行对证据的真实性无异议，但认为与本案不具有关联性。对此，本院认为，法院采取诉讼保全的金额为600万美元，并未超额保全，某公司提交的证据材料与本案不具关联性，本院不予采信。

上诉人某公司在二审期间未向本院提供新的证据材料。

被上诉人某行闸北支行与某行上海支行在二审期间亦未向本院提供新的证据材料。

二审法院经审理查明,原审法院查明的事实属实,本院予以确认。

另查明,某公司与某行闸北支行签订的《出具保函协议》第一条约定:如本协议约定的保函与实际出具的保函不一致,则以实际出具的保函为准。甲方(某公司)不得以实际出具的保函与上述约定不一致而拒绝或迟延履行本合同项下的义务。第四条约定:若受益人向乙方(某行闸北支行)索赔,乙方有权独立判断索赔要求以及索赔金额是否符合保函的约定,乙方对外赔付,无须事先征得甲方同意,甲方承诺不提任何异议。第六条约定:(二)如果乙方为甲方垫付了资金,甲方应立即向乙方全额偿还。(四)因支付利息、税收、汇率变动、法律规定(包括国内外法律)、法院判决、仲裁机构裁决等原因导致乙方在保函项下对外赔付金额超过保函约定的保证责任限额的,对于超出部分,甲方应向乙方赔偿;只要乙方在保函项下对外赔付,即使存在受益人欺诈、基础交易项下的合同不成立、不生效、无效、部分无效或被撤销、被解除等任何情形,甲方均有义务向乙方全额赔偿。

本院认为:

本案二审各方主要争议焦点在于:(1)某行上海支行能否作为本案原告?(2)本案所涉反担保函是否生效?(3)本案所涉索赔函是否存在不符点?(4)某行闸北支行付款后能否向某公司追偿?(5)某公司应否承担担保责任?

关于争议焦点(1),本院认为,《出具保函协议》虽是某行闸北支行与某公司签订,但是基于银行内部的分工,系争保函实际均由某行上海支行履行。根据《出具保函协议》第一条的约定:如本协议约定的保函与实际出具的保函不一致,则以实际出具的保函为准,某公司不得以实际出具的保函与上述约定不一致而拒绝或迟延履行本合同项下的义务。鉴于某行上海支行与本案存在直接利害关系,根据《中华人民共和国民事诉讼法》第一百零八条的规定，原审法院将某行上海支行列为原告并无不当。

关于争议焦点（2）至（5），本院认为，《出具保函协议》和《最高额保证合同》均系当事人双方的真实意思表示，合法有效，各方当事人均应恪守。某行上海支行依约出具系争反担保函，根据见索即付独立保函的独立性原则，该反担保函既独立于基础交易，也独立于《出具保函协议》，并构成某行上海支行和受益人马士礼格银行之间的第一性承诺。保函从法律性质上而言属于合同，合同关系的设立、变更及终止应当取决于合同当事人的意志。系争保函的当事人为某行上海支行及马士礼格银行，因此对于系争保函是否生效应当由合同当事人某行上海支行与马士礼格银行进行判断，而某行上海支行与马士礼格银行对系争保函已经生效并无异议。

而且，某行闸北支行与某公司签订的《出具保函协议》第四条亦明确约定：银行对于系争保函具有独立判断权，银行对外赔付，无需事先征得某公司同意，某公司承诺不提任何异议。故上诉人某公司和某公司关于系争保函未生效的主张不能成立，本院不予采信。关于本案所涉索赔函是否存在不符点的问题，本院认为，索赔函虽未引用反担保函的出具日期，在表面上与反担保函的约定不完全相符，但由于系争保函的编号是唯一的，并不导致相互之间产生歧义，故原审法院认定索赔函不存在不符点并无不当。某行上海支行依约承担付款责任，依据《出具保函协议》第六条的规定，某行闸北支行有权向某公司追偿。关于某公司应否承担担保责任，本院认为，某公司承担担保责任的主合同依据是某行闸北支行与某公司所签订的《出具保函协议》，并非系争保函本身，鉴于主合同《出具保函协议》并未发生任何变化，因此华联天脉不承担担保责任的上诉理由无事实和法律依据，本院不予支持。

综上，本院认为，原审判决认定事实清楚，适用法律正确。根据《中华人民共和国民事诉讼法》第一百五十三条第一款第（一）项、第一百五十八条之规定，判决如下：

裁判结果:

驳回上诉,维持原判。二审案件受理费人民币 228,838.91 元由上海某有
限公司、上海某钢板有限公司共同负担。本判决为终审判决。

3.龙口市东海贸易有限公司与必和必拓销售公司、第三人上海浦东发展银行济南分行保函欺诈纠纷

［裁判评析］

（1）依据 URDG458 规则，除非在保函或反担保函中另有规定，保函的适用法律将是担保人或指示方（如有指示方时）营业所在地的法律，或者，如果担保人或指示方有数处营业场所时，其适用法律为开出保函或反担保函的分支机构所在地的法律。

（2）法院不必以伦敦国际仲裁法院的裁决结果为依据而中止审理。因为法院依据"欺诈例外"原则而对基础合同的履行情况进行审查认定，与伦敦国际仲裁院对基础交易项下的事实认定相比，是完全不同的两个司法管辖权主体因适用不同的准据法所做出的裁判。

（3）受益人提交索款书面函时，若既没有明确申请人违约的具体方面，也没有陈述受益人自身遭受损失的具体事项的，将面临被起诉保函欺诈的风险。若申请人同时提交了自己没有违反合同约定的相关证据，则法院将有可能认定受益人的行为系不当行使索赔，其向银行所做的乃是虚假陈述，有违诚实信用原则，从而构成保函欺诈。

（4）外国律师出具的法律意见书因其法律分析是建立在外国法基础上的，因此法律意见书的效力和内容往往不足以获得国内法院认可。

[山东省高级人民法院（2008）鲁民四终字第 26 号民事判决书]

一审法院认为：

东海贸易公司以必和必拓公司为被告、以浦发银行为第三人提起确认必和必拓公司的索款行为构成欺诈、索赔无效，所依据的是浦发银行于 2006 年 3 月 20 日给必和必拓公司出具的号码为 LG740106000001 的见索即付保函。东海贸易公司认为必和必拓公司虚构其违约的事实，不当索取保函项下款项

的行为侵害了其公司的合法权益，而必和必拓公司及浦发银行也依此进行答辩，故该诉讼法律关系的性质应认定为履行独立保函引发的侵权纠纷，因东海贸易公司委托浦发银行开立了见索即付保函，一旦必和必拓公司不当行使主张保函项下款项的权利，最终的受害人是付款人即东海贸易公司，即发生侵权行为的结果地在原审法院管辖范围内，依照《中华人民共和国民事诉讼法》第二百四十三条、最高人民法院《关于适用〈中华人民共和国民事诉讼法〉若干问题的意见》第二十八条之规定，原审法院对本案有管辖权。

本案见索即付保函条款选择适用 URDG458，根据该规则第一条的规定，在该规则各条款未被保函条款明确排除适用的情况下，约定适用该规则是保函项下各方当事人的真实意思表示，不违反中国法律规定，因此该规则应在本案中得到适用，且各方当事人均应受该规则的约束。该规则第二十七条规定"除非在保函或反担保函中另有规定，保函的适用法律将是担保人或指示方（如有指示方时）营业所在地的法律，或者，如果担保人或指示方有数处营业场所时，其适用法律为开出保函或反担保函的分支机构所在地的法律"。本案担保人浦发银行的营业所在地在中华人民共和国领域内，故审理本案争议所适用的准据法为中华人民共和国法律。

本案当事人争执的焦点问题是：（1）本案是否应当以伦敦国际仲裁院的裁决结果为依据而中止审理；（2）必和必拓公司在向浦发银行发出的索款书面函中是否存在虚构东海贸易公司违约的事实，是否构成欺诈性索赔。

对于焦点（1），原审法院认为，基础交易和见索即付保函交易是相互独立的交易，一般情况下，审理见索即付保函纠纷的法院不应涉及基础合同的履约问题。但是由于本案审理的是确认必和必拓公司在索赔过程中是否存在欺诈以及是否提供司法救济的问题，本案有必要围绕必和必拓公司索赔声明中的陈述，来审查东海贸易公司在履行 T229 合同过程中是否存在违约行为，以此作为确认必和必拓公司在索款声明中是否存在虚假陈述。因此，法院有权也必须越过见索即付保函的独立性原则，去审查整个案件的事实，包括保函交易和基础交易本身的履行情况，来印证保函受益人在索赔声明中的陈述与实际情况是否相符，认定保函受益人在书面索赔声明中是否存在虚假的陈述，进而是否构成欺诈。保函独立性原则的"欺诈例外"本身就是对保函独立性原则在欺诈情况下的根本否定。

原审法院根据保函的"欺诈例外"原则，有权针对当事人所提交的有关 T229 合同履行情况的证据材料对东海贸易公司是否存在违约行为进行审查，最终确认保函项下的索赔是否构成欺诈，这与伦敦国际仲裁院审理基础合同争议是两个不同的问题，两者之间不但分属不同的司法管辖权，而且也适用不同的准据法。因此，原审法院遵循"欺诈例外"原则而对基础合同的履行情况进行审查认定与伦敦国际仲裁院对基础交易项下的事实认定，是完全不同的两个司法管辖权主体因适用不同的准据法所做出的裁判，《中华人民共和国民事诉讼法》第一百三十六条第一款（五）项关于中止诉讼的情形："本案必须以另一案的审理结果为依据，而另一案尚未审结的"之规定，应适用于中国法院依据中华人民共和国法律所审理的案件，必和必拓公司主张本案应以伦敦国际仲裁院对 T229 合同争议所做出的裁决结果为依据，不适用此规定，其申请原审法院中止审理本案的理由不能成立。

对于焦点（2），原审法院认为，本案所涉保函为见索即付保函。依据 URDG458 的规定，见索即付保函是独立保函，独立于基础合同，不受基础合同约束，只要符合保函索赔条件，担保银行就应当支付保函项下的款项。但是，针对见索即付保函的独立性，国际惯例同时又确立了"欺诈例外"原则，即在保函受益人明知委托人没有违约而仍提出恶意索赔要求的情况下，担保银行不应履行保函项下的付款义务。关于欺诈的认定，国际上普遍接受根据基础交易关系来确定是否构成欺诈，即认为，如果保函受益人没有对申请人主张索赔的权利或是行使权利不当，那么索赔要求就具有欺诈性。

本案中，必和必拓公司在向浦发银行提出索赔的书面声明中，虽然主张东海贸易公司违约，未按合同规定进口 100000 吨氧化铝（5% 增减），使其损失了 400 万美元。但必和必拓公司既未明确东海贸易公司违约的具体方面，也未陈述必和必拓公司遭受 400 万美元损失的具体事项。故必和必拓公司的索赔在形式上并不符合 URDG458 第二十条的规定。关于东海贸易公司在履行 T229 合同时是否存在实质性违约问题，经原审法院对东海贸易公司提交的传真、电子邮件等有关证据材料审查后认为，东海贸易公司在履行 T229 合同过程中，并无违反合同约定之处，虽然必和必拓公司对东海贸易公司提交的所有证据材料均拒绝进行质证，但并不影响原审法院对该事实做出判断与认定。必和必拓公司的索赔声明，正如其在答辩状中所述，只能表明其在见索即付保函的有效期内主张了权利，但在没有经过有管辖权的解决争议机构以法律文书的形式予以确认的情况下，并不能确定东海贸易公司在 T229 合同项下存在违约。由此可见，必和必拓公司在提出索赔声明时并不确定东海贸易公司是否存在违约，仅仅是为了使见索即付保函不超过有效期限而不当行使索赔权。

综上，必和必拓公司在没有任何证据证明东海贸易公司违约的情况下，为了在有效期内行使索赔权或为了获取保函项下的保证金，不当行使索赔，向浦发银行做出虚假陈述，违反了诚实信用原则，其索赔行为已构成欺诈，应认定为无效。

依照《中华人民共和国民法通则》第五十八条第一款第（三）项之规定，判决：（1）必和必拓公司向浦发银行主张 LG740106000001 号保函项下 400 万美元保证金的行为无效。（2）浦发银行终止向必和必拓公司支付 LG740106000001 号保函项下的保证金 400 万美元。案件受理费 165410 元、财产保全费 156064 元，由必和必拓公司承担。

上诉人诉称：

原审法院超越管辖权限，错误地对本案事实予以认定，进而错误地适用法律。请求二审法院撤销原判，依法改判中止本案审理，具体事实与理由如下：

（一）原审法院无权就 LGT40106000001 号见索即付保函（以下简称"保函"）项下所涉 T229 合同的履行事宜进行审理。

1. 关于 T229 合同。T229 合同系由必和必拓公司作为卖方，铝业公司作为买方，以及东海贸易公司作为买方代理人签署的关于氧化铝买卖的合同。该合同除就合同履行等事宜做了相关约定外，还在一般条款中进一步做出了如下约定：第一，一般条款第 15 条约定：T229 合同受英国法律管辖，并按照英国法律解释；第二，一般条款第 16 条约定：由 T229 合同引起的任何争议、索赔（包括效力、违约或终止等）将提交至伦敦国际仲裁院并根据其仲裁规则进行仲裁。由上可见，T229 合同项下，当事人〔包括东海贸易公司〕有关履行合同而引起的任何争议，均应按合同的约定提交至伦敦国际仲裁院进行仲裁，并受英国法律管辖。

2. 关于保函。浦发银行于 2006 年 3 月 20 日开立了 LG40106000001 号保函。保函申请人为东海贸易公司，受益人为必和必拓公司，保证人为浦发银行。保函开立的目的系在相关当事人不履行 T229 合同的情况下，浦发银行向必和必拓公司提供不可撤销的保证。保函约定，浦发银行作为保证人，在收到必和必拓公司关于东海贸易公司违约后果之书面声明后的 14 个工作日内，以上述声明中规定的方式以及必和必拓公司索要的总额不超过 400 万美元的金额向必和必拓公司支付款项。保函还约定，保函适用 URDG458。而根据该规则第 27 条、第 28 条之规定，保函交易的准据法应是出具保函的担保人营业地方的法律，即中国法律，并由该担保人营业地的法院，即中国法院管辖争议。

3. 关于 T229 合同与保函的关系。从上述关于 T229 合同以及保函的陈述可以看出，T229 合同作为基础交易与保函是两个独立的法律关系，而两个独立合同关于适用法律及管辖条款分别做出了不同的约定。其意义在于：（1）T229 合同第 16 条和第 17 条规定的法律适用条款和管辖条款对于保函没有约束力，同样，保函适用的 URDG458 第 27 条、28 条规定的法律适用条款和管辖条款对 T229 合同也没有约束力。（2）T229 合同与保函虽就适用法律及管辖条款作了不同的约定，但该约定并非是矛盾的，它是基于当事人的真实意思表示而做出的安排，符合相关国家的法律规定。因此，一旦产生纠纷，当事人应按约定行事。

综上，基于东海贸易公司与必和必拓公司在 T229 合同和保函中已经就法律适用和管辖条款分别做出了明确约定，就本案而言，原审法院虽有权就保函争议适用中国法律进行审理，但无权就保函所涉之 T229 合同的履行争议进行审理。T229 合同的履行争议应适用英国法律，并由英国仲裁院审理。

（二）由于原审法院无权对本案基础合同的履行情况进行审理，故原审判决做出的事实认定明显不当。

1.关于东海贸易公司向原审法院提交之 T229 合同履行的往来传真、邮件。在原审法院审理过程中，东海贸易公司不顾及 T229 合同中关于适用法律及管辖地的约定，先后向原审法院出具了 9 份有关 T229 合同履行中当事人往来的传真和邮件。但是，由于原审法院对 T229 合同的履行争议没有管辖权，故必和必拓公司有权就该等证据的真实性、合法性、关联性及证明力等均不发表质证意见。因而，在此情况下，原审法院无法就 T229 合同的履行争议做出全面而准确的判断。尤其需要指出的是，东海贸易公司提交的 9 份关于 T229 合同履行的邮件及传真，仅仅是 T229 合同履行的部分往来传真、邮件，并不能涵盖 T229 合同履行的整个过程。因此，上述所谓的证据无法说明 T229 合同的全部履行情况。

2.关于必和必拓公司就 T229 合同的举证。在本案原审中，必和必拓公司未向原审法院提交任何关于 T229 合同履行的相关证据。之所以如此，并非由于必和必拓公司没有东海贸易公司违约的证据而无法向原审法院提供，而是由于必和必拓公司坚持认为，根据 T229 合同关于适用法律及管辖条款的约定，中国法院对 T229 合同争议没有管辖权。因此，必和必拓公司的行为严格遵守了合同各方的相关约定，且符合中国法律的相关规定。

（三）原审法院未能理解独立保函的独立性属性和错误地理解并适用欺诈例外原则，进而错误地适用了《中华人民共和国民法通则》关于无效民事行为的规定。

原审法院以必和必拓公司不当行使索赔权并构成欺诈，且按照国际惯例确定的"欺诈例外"原则应当认定索赔行为无效为由，适用《中华人民共和国民法通则》第五十八条关于无效民事行为之规定对本案做出了判决。必和必拓公司认为，由于原审法院对"欺诈例外"原则的理解和适用明显错误，故其适用法律当然是错误的。

1. 原审法院未能理解独立保函的独立性属性。所谓独立担保，是指担保人应申请人（基础合同的债务人）的请求，向受益人（基合同的债权人）做出的，表示在受益人向其提出约定文件时，立即无条件的向受益人承担付款责任的书面承诺。即担保人是否承担付款责任，并不是基于申请人在基础合同中的实际违约，而是基于受益人提示了与独立保函要求相符的单据。因此，担保人无权以调查申请人在基础合同中是否真正违约或以基于基础合同的其他理由作为抗辩而拒绝或拖延付款。由此可见，独立担保具有独立性和无条件性的属性。依本案事实，必和必拓公司在索款声明中，已明确具体的陈述了东海贸易公司未履行合同以及东海贸易公司违约的具体事实，完全符合URDG458 第 20 条之规定。而根据前述之独立保函的独立性和无条件性原则，浦发银行应当履行其付款责任，无需必和必拓公司根据管辖权的解决争议机构以法律文书的形式确认东海贸易公司是否违约。但是，原审法院却未能理解并适用独立保涵的独立性原则，且做出了必和必拓公司在提出索赔声明时并不确定东海贸易公司是否存在约，仅仅是为了使见索即付保函不超过有效期限而不当行使索赔权的认定，实属不当。

2. 国际惯例关于欺诈例外原则的理解和适用。首先，勿庸置疑，欺诈例外原则确系针对独立担保制度设定的，但其只是对独立担保制度的一种完善措施。需要指出的是，欺诈例外原则是在承认独立担保的绝对性和无条件性担保功能的同时，将欺诈索赔作为担保人拒绝付款的抗辩理由，以阻止受益人恶意利用担保人无法根据基础合同及其履行情况行使抗辩权而滥用独立保函所赋予的索赔权利并谋求不正当利的原则。其次，根据国际惯例，援引欺诈例外并免除付款责任的权利应当受到严格的限制，否则，独立担保正常功能的发挥必将受到严重的减损。亦即只有以"清楚明了"和"确凿可靠"的证据证明受益人根据基础合同根本不存在向申请人主张付款的任何权利，方可认定受益人的索赔存在明显欺诈，并可据以拒付。相反，如果受益人的欺诈或权利滥用不是显而易见的，而是存在争议的，则申请人或担保人均不得行使该抗辩权，而只能仍由担保人依独立保函先行付款，再由申请人通过法律途径向受益人行使追偿权，请求返还因受益人的欺诈或滥用权利而使自己遭受的损失。

3.原审法院错误的理解并适用了欺诈例外原则。首先，欺诈例外原则虽然被国际上一些国家认可，但是，各方约定的适用于本案的 URDG458 并未对受益人的欺诈或滥用权利及担保人的抗辩权做出规定。同时，中国法律亦未做出有关规定。因此，本案的审理不应适用该原则。其次，退一步而言，即便基于东海贸易公司以欺诈抗辩为由提起的本案之诉可以适用欺诈例外原则，原审法院也错误地将其理解为该抗辩权系申请人可以任意援引的，并且错误地认为欺诈例外是对独立保函之独立性原则的根本否定，进而越权对基础合同事实进行了审理。由于原审法院错误地理解了欺诈例外原则，进而也就错误地适用了该原则。如上所述，欺诈例外抗辩权的行使前提是受益人与申请人在索赔欺诈上不存在争议，且证据是清楚明了并确凿可靠的，否则，申请人只能行使追偿权。通过庭审，原审法院应不难发现，基础合同的签订各方就合同的履行存在重大争议，而东海贸易公司提供的证据，非但算不上清楚明了并确凿可靠，相反却显示了各方均有履行基础合同的行为。上述事实，不仅可以表明必和必拓公司没有故意不履行合同，而且完全能够证明必和必拓公司不存在索赔欺诈的恶意。在东海贸易公司提交给原审法院的英国律师就 T229 合同履行仲裁案出具的法律意见书第 4.5.1.3 条亦确表明："我们基本没有可能搜集到足够的证据证明必和必拓在保函项下要求支付的行为，属于英国法上的欺诈行为。"

由上可见，本案根本不具备适用欺诈例外原则的条件。据此，原审法院也就不应当适用欺诈例外原则。

（四）本案应中止审理。

显而易见，东海贸易公司起诉必和必拓公司的唯一理由是必和必拓公司虚构了东海贸易公司违约事实，试图欺诈性的提取履行保函项下的款项。而东海贸易公司起诉所依据的基本事实及法律依据是保函和《见索即付保函统一规则》。但是，依据保函的约定并就该保证法律关系进行审理无法认定东海贸易公司履行 T229 合同是否违约，以及必和必拓公司是否虚构了东海贸易公司违约的事实。有鉴于此，必和必拓公司认为，本案系争之欺诈行为是否成立，取决于必和必拓公司是否虚构了东海贸易公司在 T229 合同项下存在违约的事实。而 T229 合同项下东海贸易公司是否违约，则需通过审理 T229 合同的履行情况方能认定。具体而言，如果 T229 合同的履行过程中东海贸易公司存在违约行为，则必和必拓公司之索款请求声明根本不构成虚构违约事实，当然，必和必拓公司也就自然不构成所谓的欺诈。然而，T229 合同第 15 条和 16 条就法律适用条款和管辖权条款做了明确约定，亦即适用英国法律和提交伦敦国际仲裁院仲裁。因此，基于 T229 合同所产生的包括违约在内的一切纷争，原审法院均无管辖权。换言之，T229 合同项下买方抑或卖方是否构成违约，需由伦敦国际仲裁院做出裁决。事实上，必和必拓公司向原审法院提供的证据证明，其已就 T229 合同项下的违约争议提请了仲裁，且伦敦国际仲裁院业已受理。因此，只有具有管辖权的伦敦国际仲裁院对 T229 合同的履行及相关争议做出裁决后，中国法院方能以此为据对本案争议的事实做出认定。据此，根据《中华人民共和国民事诉讼法》第 136 条之规定，本案应当中止审理。

被上诉人辩称：

（一）原审法院审理程序合法。

1. 上诉人声称一审法院无权对基础合同即 T299 合同的履行争议行使管辖权的主张明显错误。原审法院仅就保函欺诈这一侵权行为的认定以及应否提供中国法上针对保函欺诈这一侵权行为的司法救济行使司法管辖权进行审理。原审法院紧紧围绕本案保函争议的焦点问题进行审理：特别是本案的保函争议如果涉及保函项下的索款函或者索款需要提交的单据问题，法院适用了国际商会《见索即付保函统一规则》这一约定适用的国际惯例进行了各方权利义务的认定，原审法院所做并无不当之处。

2. 原审法院从未就基础合同即 T299 合同的履行进行审理。上诉人认为原审法院对保函的基础合同即 T299 合同的履行争议进行审理是不妥的。需要指出的是，原审法院从未就 T299 合同的履行争议这一合同法上的问题进行审理，而是仅就保函欺诈这一侵权问题行使了管辖权，并根据保函欺诈这一侵权问题所涉及的和基础交易即 T299 合同有关的保函侵权问题的相关事实行使管辖权，并做出侵权法上的审查和审理，原审法院的前述行为既遵循了保函条款中约定适用的 URDG458 第 28 条的司法管辖权条款，也未违反 T299 合同"一般条款"第 15 条和第 16 条规定的 T299 合同应由伦敦国际仲裁院进行仲裁解决的规定。T299 合同约定的是将有关"合同争议"提交伦敦国际仲裁院进行审理，本案原审法院面对的纠纷是保函欺诈这一侵权纠纷，故而无论是根据 URDG458 第 28 条的规定的确定管辖法院的规则，还是根据中国侵权法确定管辖法院的冲突法规则，原审法院显然不但对保函欺诈这一纠纷案件具有司法管辖权，而且对与保函欺诈这一侵权纠纷相关的 T299 项下事实必须进行认定和审查。因为原审法院如果想要认定保函欺诈这一侵权行为，不但需要审查和审理保函项下有关事实，而且还需要越过 URDG458 第 2 条规定的见索即付保函独立性原则，去审查见索即付保函的基础合同即 T299 合同项下的有关事实，方能最终做出是否存在保函欺诈这一侵权事实的认定，原审法院并未审理 T299 这一基础合同项下的合同履行争议。

3. 上诉人不能以基础合同 T299 合同中约定的仲裁条款否定中国法院对保函侵权纠纷行使管辖权，也不能据此否定原审法院就与保函欺诈侵权行为相关的基础合同即 T299 项下相关事实进行审查和认定的权力。

（二）原审判决适用法律正确。

1. 上诉人关于原审判决错误理解和适用了欺诈例外的主张是错误的。上诉人一方面主张见索即付保函具有独立性，同时又同意存在见索即付保函独立性原则的欺诈例外，却主张不应适用欺诈例外。见索即付保函的独立性原则的欺诈例外本身就是对独立性原则的否定，国际惯例中见索即付保函的独立性原则这一制度设计本身是为了促进和鼓励见索即付保函的交易的可预见性和法律上的确定性。但是独立性原则的欺诈例外这一法律制度上的设计本身正是为了防止不道德的见索即付保函交易的当事人利用了见索即付保函的独立性原则来进行欺诈或滥用其权利或不当支取保函款项。URDG458 的引言部分明确指出：在保护受益人利益的同时，也需保护被担保人免受保函项下不正当索款的侵害，这两者之间需要平衡。本规则并不影响国内法律关于欺诈性的或者明显的滥用或者不正当利用保函的原则或规则。为了 URDG458 的推广和使用，国际商会将涉及欺诈、权利滥用或者不正当支取保函金额以及相应的司法救济等问题留给了各国国内法律去认定和解决。

2. 原审判决适用见索即付保函独立性的欺诈例外，从而适用《中华人民共和国民法通则》第 58 条第（三）项的规定是合适的和正确的。"URDG458 第 2 条 b 款规定了见索即付保函交易和基础交易之间相互独立，但是一旦基础交易中发现有欺诈行为或权利滥用或者不当支用保函金额，则该第 2 条规定的独立性就不再适用了，此正是所谓的独立性原则的欺诈例外，其依据的原则就是法律和法院不应承认和保护民商事欺诈行为和滥用民事权利行为。URDG458 只规定了独立性原则，而没有就见索即付保函欺诈的认定和司法救济问题做出规定。国际商会遵循其一贯以来秉持的原则，即将所谓的信用证和保函的欺诈和滥用权利行为的认定和司法救济这一问题留给了对该保函交易有管辖权的法院根据所适用的国内准据法来做出判定。当保函的申请人或者担保人基于清楚的证据提出保函的受益人存在保函项下欺诈和权利滥用或者不公平索款，或者存在基础合同项下的欺诈和权利滥用时，见索即付保函的独立性原则就不再起作用了，否则在受益人欺诈的状况下再主张独立性原则就演变成了使法院的司法程序被利用来保护一个不道德的商人的欺诈行为或权利滥用行为，这不但违背法院应秉持的公平和诚实信用原则，其后果也在客观上鼓励了欺诈行为。原审判决适用《中华人民共和国民法通则》第 58 条的规定来认定见索即付保函的民事欺诈是合适的和正确的。因此，如果认定上诉人的欺诈行为这一事实成立的话，即应认定上诉人向第三人保函项下的索款行为无效，其相应的司法救济应是终止担保人向受益人付款。

（三）原审判决关于保函欺诈的事实认定清楚正确。

1. 东海贸易公司不存在上诉人向第三人索款函中所陈述的违反合同的行为。在上诉人发给浦发银行的索偿函中，上诉人声称被上诉人违约即指的是东海贸易公司违反 T229 合同约定。在原审过程中由于上诉人拒绝举证，因此，并无证据证明东海贸易公司事实上违反了合同。相反，东海贸易公司在原审程序中向法庭举证证明了其在基础合同即 T299 合同项下并未违约。T229 合同是由上诉人、铝业公司和东海贸易公司共同签署的三方协议，东海贸易公司虽然也为签约三方中一方，但是，纵观整个合同的条款和内容，均是约束其他两方即上诉人和铝业公司，没有任何条款规定或者涉及东海贸易公司的权利和义务，更未明确东海贸易公司要对铝业公司的合同义务和责任承担共同责任或连带责任。鉴于 T229 号合同中所规定权利义务均是针对买卖双方，没有任何条款针对东海贸易公司设立权利义务，因此，在东海贸易公司不承担任何合同权利义务的情况下，东海贸易公司违约一说根本无从成立。

2. 上诉人在向浦发银行的索款函中的陈述是虚假的，构成民事欺诈，其民事行为无效。本案保函欺诈成立不仅基于基础交易相关事实，而且，东海贸易公司违约以及上诉人索赔书刻意违反 URDG458 防止欺诈和滥用权利第二十条的规定，共同构成了上诉人保函欺诈成立的有力证据，这证明了上诉人具有明确的欺诈行为。法院对保函欺诈侵权案件的事实认定要求原审法院必须否定独立性原则，越过保函交易去审查基础合同，以确定上诉人在保函的索款函中的陈述是否具有事实基础。上诉人在伦敦的仲裁程序中也并未针对东海贸易公司提出请求。可见，事实上上诉人自身也并未认为东海贸易公司已经对其构成违约，其自身也未认为东海贸易公司给上诉人造成其在索款函中所声称的巨额损失。这从一个侧面也证明了上诉人具有明确的欺诈行为。由于东海贸易公司在 T229 合同中根本不可能违约，事实上也未违约，又如何造成上诉人在索偿函中声称的 400 万美元损失？其得出 400 万美元损失的依据又是什么？很显然，该 400 万美元损失是上诉人为达到索取本案保函项下 400 万美元之目的而刻意虚构事实编造出来的。其目的无非是故意隐瞒事实，并故意告知担保人浦发银行虚假事实，以使浦发银行向上诉人付出其无权获得的巨额付款，这证明上诉人具有明确的欺诈故意。英国律师出具的法律意见书，系针对必和必拓公司与铝业公司 T229 合同履行仲裁案提出的法律意见。关于上诉人提到的英国律师法律意见书第 4.5.1.3 条的内容，律师对必和必拓公司在 T229 合同项下是否构成英国法上的欺诈的一种意见，与必和必拓公司在保函法律关系中是否构成欺诈没有关系。东海贸易公司提交给原审法院有关上诉人构成保函欺诈的证据清楚确凿，原审判决认定上诉人保函欺诈，并适用欺诈例外，并无错误。

3. 上诉人在索款函中未依 URDG458 的规定，未指明违反合同的具体方面，因而，亦无权获得付款。由于 LC740106000001 号独立保函明确了其本身受制于国际商会 URDG458，因此，上诉人若要在该保函之下索款，必须严格遵守 URDG458 的相关规定。URDG458 第二十条明确规定，独立保函的受益人在索款声明中不仅应当指出主债务人在基础合同项下违约，而且，应当明确主债务人违约的具体方面。URDG458 之所以如此规定，正是为了避免见索即付保函的受益人利用其优越地位，欺诈性地行使或滥用其在保函项下的索款权。在上诉人于 2007 年 1 月 26 日致保函担保人浦发银行的索偿函中，上诉人就索偿原因如此陈述："因龙口市东海贸易有限公司（买方）违反关于进口 100000 吨砂状冶金级氧化铝（增减 5%）合同约定，给供货商造成 4000000.00 美元（肆佰万美元整）的损失。"可以看出，上诉人仅仅申明被上诉人违约，而未能明确被上诉人违约的具体方面。由于在本案中不存在东海贸易公司违约的事实，上诉人在索款声明中显然没有也无法明确说明东海贸易公司违约的具体方面，因此，上诉人的索款声明违背了 URDG458 第二十条关于索款声明的规定，东海贸易公司认为，这是上诉人在本案保函项下欺诈性索偿或者索款无效的明证之一。

4. 上诉人原审程序中以原审法院无管辖权为由自愿放弃对案件事实进行

举证的权利。东海贸易公司认为，在原审法院根据欺诈例外原则审查保函基础交易相关事实之际，东海贸易公司依法举证，而上诉人由于对于见索即付保函独立性原则的片面认识，或者是出于其他考虑，一再拒绝举证，拒绝质证，放弃了自己的举证权利，在此情况下，原审判决上诉人承担不利后果，符合中国法律证据规则的相关规定和精神，原审法院对于事实的认定并无不当。

5. 本案见索即付保函项下的付款应该被终止。上诉人的保函欺诈民事行为应被认定无效，欺诈例外应被适用，从而应终止担保人的付款义务。如果不对保函项下的付款予以终止，将导致被上诉人难以挽回的损失。东海贸易公司认为，根据《中华人民共和国民法通则》第六章第四节有关民事责任承担方式的第 134 条的规定："（一）停止侵害；……（三）消除危险；……以上承担民事责任的方式，可以单独适用，也可以合并适用。"本案原审法院判决终止保函项下的付款，是合适和正确的。

（四）本案不应中止审理。

1. 本案中止审理没有事实依据。本案和伦敦仲裁案件是完全不同的两个案件，涉及不同的法律关系、伦敦仲裁案系根据英国法律审理的基础贸易纠纷，本案是根据中国法律审理的独立保函欺诈民事侵权案件，并且，东海贸易公司并非伦敦仲裁案件的当事人。因此，两个案件性质上和当事人均互不关联，审理结果也互不关联。上诉人提出中止审理没有事实依据。

2. 本案中止审理没有法律依据。《中华人民共和国民事诉讼法》第 136 条规定："有下列情形之一的，中止诉讼：……（五）本案必须以另一案的审理结果为依据，而另一案尚未审结的。"本案不属于前述法律规定的情形。上诉人提出中止审理没有法律依据。

3. 如果中止本案审理对东海贸易公司不公平。本案一旦中止审理，东海贸易公司将失去及时得到中国法律保护的权利，对东海贸易公司极为不公。

4. 原审判决否决上诉人中止审理的请求是正确的。由于本案中止审理没有事实和法律依据，原审判决否决上诉人中止审理的请求是正确的。

第三人述称：

必和必拓公司与东海贸易公司就保函欺诈纠纷的管辖权、法律适用和保函项下的基础合同即 T229 合同的履行情况进行了说明，这均与浦发银行没有直接的利害关系。关于浦发银行是否应当支付本案保函项下的款项的问题，一般情况下，浦发银行会根据受益人的申请，在一定条件下向其支付保函项下的款项。具体到本案，浦发银行则应当根据受益人索款是否存在欺诈以及法院判决，才能决定是否付款。浦发银行在收到必和必拓公司的索款函时，已收到法院的裁定书与协助执行通知书。浦发银行系依照法律文书的相关内容协助法院执行，而不予支付保函项下的款项的，能否向必和必拓公司支付保函项下的款项，必须依据法院的最终审理结果来定。

本院查明：

2007 年 9 月 11 日，Birch Reynardson&Co 应金赛波律师的委托，就铝业公司与必和必拓公司 T229 合同仲裁案出具了一份法律意见书，该法律意见书的第 4.5.1.2 条载明："客户指出的第二点是必和必拓有保函欺诈行为，不幸的是，我们无法读到在中国进行的保函诉讼中的诉讼请求，但我们相信，基于此问题的分析，至少客户可以答辩称他们没有如必和必拓在其 1 月 25 日给上海浦东银行的信函中宣称的违约行为。"该法律意见书的第 4.5.1.3 条载明："这些问题当然会被提交给仲裁庭讨论。我们基本没有可能搜集到足够的证据，证明必和必拓在保函项下要求支付的行为，属于英国法上的欺诈行为。但我们相信他们试图对东海铝业的建议进行承诺的行为是为了能够提起保函项下的支付。"该法律意见书的第 4.5.1.4 条载明："在适用中国法时，情况可能不同，但无论如何我们上面给出的答辩应该会支持东海铝业在中国的诉讼中进行没有违约的抗辩。"

在二审庭审中，浦发银行的代理人表示，根据其本人的理解，必和必拓公司在索款函中已经说明了东海贸易公司违约的具体方面，但同时表示在收到必和必拓公司索款函时，亦收到法院的裁定书与协助执行通知书，浦发银行没有对必和必拓公司提交的索款函做出过正式认定。

除上述事项外，本院查明的其他事实与原审法院认定的事实一致。

本院认为：

本案为涉外保函欺诈纠纷，在诉讼程序和实体法适用方面应按照涉外民事诉讼的有关规定办理。必和必拓公司与东海贸易公司及浦发银行于 2006 年 3 月 20 日签订的见索即付保函中选择适用 URDG458，该规则第 27 条规定"除非在担保函或反担保函中另有规定，否则其适用的法律应当是担保人或者指示方（视情形而定）营业地的法律，或者，如果担保人或指示方有一个以上的营业地，则为出具担保函或者反担保函的分支机构营业地的法律"。本案担保人浦发银行的营业地在中华人民共和国领域内，故中华人民共和国法律为解决本案实体争议的准据法。

本案当事方争议的焦点问题有三个，即：（1）原审法院是否已对 T229 合同的履行事宜进行了审理以及原审法院是否有权对 T229 合同的履行事宜进行审理；（2）必和必拓公司主张独立保函项下的款项的行为是否存在欺诈，本案是否应当适用独立保函的欺诈例外原则；（3）本案是否应当中止审理。

关于原审法院是否已对 T229 合同的履行事宜进行了审理以及原审法院是否有权对 T229 合同的履行事宜进行审理的问题，东海贸易公司在原审过程中提出的诉讼请求系请求法院依法确认必和必拓公司的索款行为构成欺诈，索赔无效；判令浦发银行终止向必和必拓公司支付见索即付保函项下款项 400 万美元。原审法院围绕东海贸易公司的诉讼请求，审查了东海贸易公司向法院提交的浦发银行出具的编号为 LG740106000001 不可撤销保函，必和必拓公司的索款请求，必和必拓公司与铝业公司、东海贸易公司签订的 T229 合同以及该合同履行情况的相关证据。原审法院对于浦发银行出具的编号为 LG740106000001 不可撤销保函与必和必拓公司的索款请求进行了详尽的分析认定，并做出了实体处理；而对于 T229 合同的履行事宜，原审法院仅对 T229 合同中与本案保函欺诈有关的内容及履行情况进行了审查，并没有对

T229 合同主体的其他权利义务进行判定。原审法院在判决中亦指明了对 T229 合同履行过程中关于东海贸易公司是否存在违约行为的材料进行审查，最终确认保函项下的索赔是否构成欺诈，与伦敦国际仲裁院审理的 T229 合同争议是两个不同的问题两者之间不但分属不同的司法管辖权，而且也适用不同的准据法。因此，原审法院并没有对 T229 合同的履行事宜进行审理。由于本案需要确认必和必拓公司在索赔过程中是否存在欺诈，因此，有必要围绕必和必拓公司索款声明中的陈述，来审查东海贸易公司在履行 T229 合同过程中是否存在违约行为，原审法院有权突破见索即付保函的独立性原则，去审查保函、索款请求及 T229 合同有关的履行情况。

关于必和必拓公司主张独立保函项下的款项的行为是否存在欺诈，本案是否应当适用独立保函的欺诈例外原则的问题，必和必拓公司向浦发银行提交的索赔函的表述为："因龙口市东海贸易有限公司（买方）违反关于进口 100000 吨砂状冶金级氧化铝（增减 5%）合同约定，给供货商造成 4000000.00 美元（肆佰万美元整）的损失。"必和必拓公司在索款函中虽明确说明了东海贸易公司违反了"进口 100000 吨砂状冶金级氧化铝（增减 5%）"的合同约定，但通过审查必和必拓公司与铝业公司、东海贸易公司签订的 T229 合同可知，东海贸易公司在该合同中仅系铝业公司的代理人，并没有购买货物的合同义务，因此，东海贸易公司不可能违反关于进口 100000 吨砂状冶金级氧化铝合同约定。在因 T229 合同履行争议而在伦敦提起的仲裁案中，必和必拓公司亦未将东海贸易公司列为当事人。因此，必和必拓公司主张东海贸易公司违约没有事实根据。根据最高人民法院《关于贯彻执行〈中华人民共和国民法通则〉若干问题的意见（试行）》第 68 条的规定，一方当事人故意告知对方虚假情况，或者故意隐瞒真实情况，诱使对方当事人做出错误意思表示的，可以认定为欺诈行为。必和必拓公司主张独立保函项下的款项的行为符合中国法律欺诈行为的构成要件，应认定必和必拓公司向浦发银行的索款行为存在欺诈。

Birch Reynardson&Co 出具的法律意见书系针对必和必拓公司与铝业公司 T229 合同履行仲裁案提出的法律意见，并未涉及东海贸易公司在 T229 合同中是否违约的问题。另外,该法律意见书的分析判断是建立在适用英国法的基础之上的。因此,Birch Reynardson&Co 出具的法律意见书中的观点不能成为判定必和必拓公司向浦发银行的索款行为是否存在欺诈的依据。

浦发银行出具的编号为 LG740106000001 不可撤销保函系一份见索即付的独立保函,根据该保函中约定适用的 URDG458 的规定,见索即付保函独立于基础合同,不受基础合同约束,只要符合保函索赔条件,担保银行就应当支付保函项下的款项。但是,针对见索即付保函的独立性,国际惯例同时又确立了欺诈例外原则,即在保函受益人明知委托人没有违约而仍提出恶意索款要求的情况下,担保银行不应履行保函项下的付款义务。在必和必拓公司向浦发银行的索款行为存在欺诈的情况下,原审法院适用欺诈例外原则,判决必和必拓公司向浦发银行主张 LG740106000001 号保函项下 400 万美元保证金的行为无效,合法正当。

关于本案是否应当中止审理的问题,必和必拓公司与东海贸易公司及浦发银行签订的见索即付保函约定适用 URDG458,根据 URDG458 号第 27 条及 28 条规定,保函交易的准据法应是出具保函的担保人营业地法律,即中国法律,并由该担保人营业地法院,即中国法院管辖。原审法院即是根据必和必拓公司与东海贸易公司及浦发银行的约定,适用中国法律来审理本案的。必和必拓公司与铝业公司、东海贸易公司签订的 T229 合同约定履行该合同产生的争议适用英国法律并由伦敦国际仲裁院管辖,在因履行 T229 合同发生争议后,必和必拓公司已依照合同约定以铝业公司为被申请人向伦敦国际仲裁院提起了仲裁申请,伦敦国际仲裁院也已受理了必和必拓公司的仲裁申请,该仲裁案目前正在审理之中。本案与伦敦国际仲裁院受理的仲裁案系两个在不同国家受理的不同性质的案件,涉及不同的法律关系,适用法律不同,且东海贸易公司并不是伦敦国际仲裁院受理的仲裁案的当事人,即使伦敦国际仲裁院做出裁决,也不可能裁决东海贸易公司是否违约。因此,本案的审理并不需要以伦敦国际仲裁院受理的仲裁案的审理结果为依据,必和必拓公司关于本案应当中止审理的主张,没有事实和法律依据,本院不予支持。

综上所述，上诉人必和必拓公司的上诉请求没有事实和法律依据，原审判决认定事实清楚，适用法律正确，应予维持。根据《中华人民共和国民事诉讼法》第一百五十三条第一款（一）项的规定，判决如下：

裁判结果：

驳回上诉，维持原判。

二审案件受理费165410元，由上诉人必和必拓销售公司（BHP BLLITON MARKETING AG）负担。

本判决为终审判决。

4. 现代重工有限公司与中国工商银行股份有限公司浙江省分行保证合同纠纷

[裁判评析]

国际商会 758 号规则对不符点的认定标准为："相符索赔是指满足相符交单要求的索赔；相符交单指所提交的单据及其内容首先与该保函条款和条件相符，其次与该保函条款和条件一致的本规则有关内容相符，最后在保函及本规则均无相关规定的情况下与见索即付保函国际标准实务相符。"

保函出具后，当事人一方主张保函中个别条款无实际意义的，法院不予支持。因为保函条款和条件系经申请人要求，受益人亦予以接受，对各方均有约束力。

指示提单与记名提单是国际贸易中两种不同类型的提单，在实务中当事人应严格依据保函的要求提交符合保函的相应单据才能触发见索即付保函的效果。

基础合同的履行情况，不是担保人即保函开立人需要考虑的因素。因此基础合同履行情况如何并不能作为判断索赔单据是否符合保函约定条款的依据。

[浙江省高级人民法院（2016）浙民终 157 号民事判决书]

一审原告诉称：

现代公司于 2014 年 9 月 28 日向一审法院起诉称：2013 年 11 月 22 日，工商银行浙江分行作为担保人，依据浙江中高动力科技股份有限公司（以下简称中高公司）的申请，并基于中高公司与现代公司之间就总金额为 16,652,360.00 美元的 9 套 HIMSEN 的 8MW 柴油发电机组（以下简称发电机组）于 2013 年 11 月 8 日签署的编号为"ZGPT2013110801"的供货合同，以现代公司为受益人，通过现代公司的通知行——韩国外换银行（Korea

Exchange Bank，以下简称外换银行）向现代公司开具了一份担保付款金额为不超过 6,648,010 美元的不可撤销见索即付保函（编号 LG338011300239）。作为基础交易的付款方式，工商银行浙江分行通过该保函向现代公司提供不可撤销的付款担保，承诺一旦收到现代公司通过其通知行提出的首次书面索偿要求，将在七个营业日内向现代公司支付任何不超过 6,648,010 美元的款项。涉案保函声明将适用 2010 年修订的国际商会 758 号出版物——《见索即付保函统一规则》。收到工商银行浙江分行开立的涉案保函后，现代公司依约向中高公司指定的承运人交付了基础交易项下相应批次的发电机组，中高公司随后也收讫该批次发电机组。2014 年 4 月 10 日，工商银行浙江分行收到现代公司通过外换银行提出的关于要求支付涉案保函项下 6,648,010 美元的索偿要求，涉案保函项下的相关单据早已提交给工商银行浙江分行并由其以承兑通知形式确认接受。然而时至 2014 年 5 月 8 日，工商银行浙江分行突然宣布拒付涉案保函项下的索偿要求。后虽经现代公司或通过外换银行进行多次反复函电交涉，其始终拒付保函。故请求判令：（1）工商银行浙江分行立即偿付编号为 LG338011300239 的保函项下款项 6,648,010 美金（按照 2014 年 4 月 21 日美元与人民币汇率 1:6.1591 计，折合人民币 40,945,758.39 元）；（2）工商银行浙江分行支付上述款项的滞纳金人民币 1,332,784.44 元（按第一项诉请款项金额日万分之二点一的标准，从 2014 年 4 月 22 日开始起算，暂算至起诉日 2014 年 9 月 24 日为 1,332,784.44 元，应计至判决生效日）；（3）工商银行浙江分行承担本案所有诉讼费用。

一审被告辩称：

工商银行浙江分行在一审中答辩称：（1）现代公司通过外换银行在涉案保函项下提出的多次索赔是无效索赔，对其有效索赔工商银行浙江分行已经有效拒付，且依据的不符点成立：对于现代公司于 2014 年 4 月 10 日发出的第一次电文，索赔函中申明索赔时应当附的装箱单等已经寄出，所以工商银行浙江分行至 2014 年 5 月 4 日收到全部提交的单据后进行审单，于 2014 年 5

月 8 日即保函约定的七个银行工作日内发出了拒付电文，并且提出了三个不符点，包括提交的提单不是保函所要求的凭指示海运提单，提单附页没有提交，装箱单货物数量和提单记载不一致。对于第二次索赔电文，现代公司称其于 2014 年 5 月 20 日曾通过电子邮件将自己出具的函件发送给工商银行浙江分行某员工，5 月 28 日通过快递将原件正本快递给工商银行浙江分行。但保函中明确约定保函项下索赔要通过银行以纸质快递或者电传密押提交。同时，从函件内容看，也不是保函项下的索赔，因通过外换银行收到的单据和前者有矛盾而修改了单据，所以 5 月 20 和 5 月 28 日的函件不能构成涉案保函项下的有效索赔，工商银行浙江分行对此无需理会。对于第三次索赔电文，现代公司于 2014 年 5 月 30 日通过外换银行称单据已寄出，并写明单号。工商银行浙江分行在 2014 年 6 月 3 日收到单据后，审查发现这些单据修改了之前的两个不符点，但提单依然为记名提单，而不是保函项下要求的凭指示提单。2014 年 6 月 9 日，工商银行浙江分行在审单期内进行了拒付。对于第四次索赔电文，外换银行于 2014 年 7 月 8 日再次发出索赔电文，但是并没有声明邮寄单据，电文内容中可以看出，其所主张不符点不成立，还是依据 6 月 3 日工商银行浙江分行收到的单据。工商银行浙江分行在审单期内的 2014 年 7 月 15 日再次拒付并提出所提交的提单并非凭指示提单这个不符点。综上，现代公司主张的四次索赔一次系无效索赔，其他三次均由工商银行浙江分行在审单期内进行了拒付，且所依据的不符点是成立的。（2）关于现代公司所提及的承兑问题。承兑并非是涉案保函项下的承兑，且做出的主体是中高公司，工商银行浙江分行就该承兑行为并无付款和担保责任。①工商银行浙江分行的承兑行为是托收法律关系项下的行为。②现代公司于 2013 年 12 月提交的托收项下单据与保函项下的交单不同。③现代公司主张工商银行浙江分行收到单据的时间是 2013 年 12 月 24 日，这个时间早于现代公司索赔的时间点。④托收和保函项下的审单主体以及责任义务不同。托收项下单据的审单主体是中高公司，工商银行浙江分行只是代收行，责任是转递单据。本案中不存在托收项下的默示担保和付款义务。综上，请求驳回现代公司的诉讼请求。

一审法院查明：

一审法院审理查明：2013 年 11 月 8 日，现代公司与中高公司签订《72MW 柴油电站之 9*8MW 柴油发电机组供货合同》。同月 20 日，中高公司向工商银行浙江分行申请开立付款保函，并约定付款条件见保函正本。

当地时间 2013 年 11 月 22 日 18 时 50 分，工商银行浙江分行通过外换银行向现代公司开出一份不可撤销见索即付保函（编号 LG338011300239），载明："经申请人（中高公司）请求，我行，即中国工商银行股份有限公司浙江省分行特此签发本保函，并不可撤销地承诺，在收到贵公司通过贵方银行转发的首次书面索偿要求，声明申请人违反合同项下的付款义务以及违约行为时，在 7 个营业日内向贵公司支付任何一笔或数笔总额不超过 6,648,010 美元的款项。贵公司提交付款索偿要求时，需一并提交以下单据：（1）凭指示的标注运费到付通知人为申请人的清洁海运提单副本。（2）经签署的装箱单副本三份。（3）经签署的商业发票副本三份。（4）原产地证书。（5）车间测试报告。本保函金额按照申请人或我行已付的款项或款项加利息金额，自动按比例减少。本付款保函自签发之日起生效，最迟于 2014 年 7 月 8 日到期。因此，本保函下的任何索偿要求必须于到期日或之前送达我行即中国工商银行股份有限公司浙江省分行（地址：中国浙江省杭州市中河中路 150 号，邮编310009 传真 86-576-87336732，收件人：国际部）该书面索偿要求必须通过贵方银行采用快递或经验证的 SWIFT 信息形式发给我行。不接受其他提交方式。到期后，不论保函是否交还我行以进行作废处理，本保函均应自动失效。本保函需遵守国际商会第 758 号出版物，2010 年版《见索即付保函统一规则》（URDG）。"该报文主文标示日期为 2013 年 11 月 22 日。外换银行收到日期为 2013 年 11 月 25 日。

2013 年 12 月 24 日，外换银行向工商银行浙江分行发出托收电文，金额为 6,648,010 美元，期限为见票后 180 天，出票人为现代公司、付款人为中高公司，并提示工商银行浙江分行承兑交单，同时提交以下托收单据：汇票正本二份、发票正本一份加副本二份、提单副本一份、装箱单正本一份副本二份、产地证正本一份、其他正本一份。该托收业务适用托收统一规则，国际商会第 522 号出版物。2013 年 12 月 25 日工商银行浙江分行收到上述单据。

2013 年 12 月 26 日，工商银行浙江分行通知中高公司办理付款、承兑或拒单手续，并声明其对单据及所代表的货物种类、数量、质量的真实性和完整有效性不承担任何责任。中高公司向工商银行浙江分行表示同意承兑并到期付款。

2014 年 1 月 7 日，工商银行浙江分行向外换银行发送承兑通知，接收金额为 2014 年 6 月 23 日 6,648,010 美元。

2014 年 3 月 6 日，现代公司通过外换银行通知工商银行浙江分行票据托收部门承兑交单未签收及到期日错误。

当地时间 2014 年 4 月 10 日 18 时 33 分，现代公司通过外换银行向工商银行浙江分行以 SWIFT 信息形式发出索偿电文，要求支付 LG338011300239 保函项下 6,648,010 美元，且确认根据受益人一方进行的绝对判断，申请人无法履行本合同的任何要求。电文同时记述受益人的相关付款文件已经通过邮递的方式送交给工商银行浙江分行。

2014 年 4 月 11 日，工商银行浙江分行向外换银行发送报文修改承兑通知称付款人同意将原先的承兑到期日修改为 2014 年 6 月 7 日。

当地时间 2014 年 4 月 15 日 18 时 22 分，工商银行浙江分行向外换银行发出电文告知：请通过经验证的 SWIFT 电文向我方确认你方 2014 年 4 月 10 日通过 MT799 格式发出的索赔可以撤回。

当地时间 2014 年 4 月 24 日 19 时，外换银行回复工商银行浙江分行称你方 4 月 16 日发来的 MT799 自由格式 SWIFT 报文称：请知悉该索赔仍然有效并未被撤销。我方客户现代公司确认如下信息：中高公司未能开立第三份分期付款保函并且索取你方开立的付款保函项下款项。

当地时间 2014 年 4 月 25 日 19 时 32 分，外换银行向工商银行浙江分行再一次重申前一日电文中的上述内容。

当地时间 2014 年 4 月 29 日 17 时 23 分，工商银行浙江分行向外换银行发电文称：在 2014 年 4 月 10 日的电文中你方称受益人的索赔相关单据已经邮寄给我们，我们至今未收到上述单据。我们将在交单完整后开始审查受益人的索赔并决定是否索赔相符，适用 URDG 第 20（A）款。外换银行收到时间为 2014 年 4 月 30 日。

2014 年 5 月 4 日，工商银行浙江分行收到现代公司通过外换银行快递的索赔单据，包括有：记名提单副本、三份装箱单副本、三份商业发票副本、原产地证明、车间测试报告。该提单显示收货人为中高公司、通知人为中高公司，包装件数为 13 件。装箱单显示货物说明为三套柴油发电机组，共计 31 件。

2014 年 5 月 8 日，工商银行浙江分行向外换银行发电文并要求其向现代公司转发信息称：关于贵司通过外换银行就我行于 2013 年 11 月 22 日签发的编号为 LG338011300239，金额为 6,648,010 美元的付款保函的索赔请求。请知悉贵司分别于 2014 年 4 月 10 日、4 月 24 日以及 4 月 25 日通过 MT799 格式电文提出的索赔请求不符合我行上述保函的规定。另外，我行于 2014 年 5 月 4 日收到的相关付款单据由于存在以下不符点无法构成相符索赔：（1）未签发凭指示提单。（2）未提交提单附表。（3）装箱单显示数量为 31 件与提单不符。因此，根据上述保函条款，贵司根据上述保函提出的索赔我行予以拒付。

当地时间 2014 年 5 月 13 日 18 时 51 分，外换银行发送报文告知工商银行浙江分行保函项下对单据副本的审核标准不同于信用证项下对单据原件的审核标准。单据均已发送给申请人，货物已被申请人接受。报文已经证实了受益人声明申请人没有履行合同规定的义务。开证行无权拒绝付款。

当地时间 2014 年 5 月 16 日 17 时 08 分，工商银行浙江分行向外换银行发电文称其作为担保人仅处理单据而可不管可能与单据相关的货物、服务或履行问题，其仅依据交单情况决定是否表面上构成相符交单。5 月 4 日收到的请求付款相关单据中的内容不仅互相矛盾而且与保函也矛盾。受益人未指明保函申请人违反了其在基础合同项下的付款义务，其坚持指出的不符点，对现代公司的索赔请求仍然予以拒付。外换银行 5 月 19 日收到。

2014 年 5 月 19 日工商银行浙江分行向外换银行发送报文提出索偿单据内容互相矛盾且与保函不一致，及索偿要求未声明保函申请人违反基础合同项下付款义务，并拒绝索偿要求。

2014 年 5 月 20 日，现代公司向工商银行浙江分行寄送一份主题为保函索赔请求的信函，称其获悉工商银行以保函条款与提单副本存在某一非实质性不符点这一技术性问题为由拒绝其请求，提交副本单据是为了证明受益人的索赔请求所依据的银行保函具有真实交易背景，正本提单在交易中也已实际使用。外换银行分别于 2014 年 1 月 7 日、4 月 11 日收到承兑通知，清晰地表示保函申请人已经接受了正本提单并提取了正本单据下的所有货物。这表示交易已经完成，合同双方没有异议。其再次要求工商银行浙江分行立即偿付前述保函所担保的尚未偿付的款项。如果继续拒付，现代公司只能采取法律措施。

2014 年 5 月 30 日，外换银行向工商银行浙江分行发电文称：考虑到合同是以 FOB 为基础，货运公司应申请人的要求签发提单，受益人在审查货运公司签发的提单后要求其根据银行保函所要求的条件另行签发修订后的提单，但鉴于申请人已向货运公司确认过提单，货运公司拒绝修订提单。工商银行浙江分行承兑通知清晰地表明申请人已经接受正本单据及项下所有货物。其他由受益人签发的文件已经修改并于 5 月 30 日通过 DHL 递交。要求工商银行浙江分行立即汇付保函项下款项。

2014 年 6 月 3 日，工商银行浙江分行收到现代公司寄送的修改单据。装箱单上的数量更改为 13 件。提单未做修改。

当地时间 2014 年 6 月 9 日 19 时 15 分，工商银行浙江分行以现代公司对保函的偿付要求及附后的修改后的提单非凭提示仍有不符为由拒绝索偿要求。外换银行收到时间为 2014 年 6 月 10 日。

2014 年 7 月 8 日，外换银行向工商银行浙江分行发电文要求工商银行浙江分行能在收到该索赔的 7 个工作日内偿付 6,648,010 美元。

当地时间 2014 年 7 月 15 日 17 时 54 分，工商银行浙江分行回复称其仅依据交单情况决定是否表面上构成相符交单，由于提单非凭指示的不符之处，其仍拒绝现代公司的索偿要求。外换银行收到时间为 2014 年 7 月 16 日。

2014 年 6 月 23 日，ICCCHINA 银行技术与惯例委员会出具专家意见。

一审庭审中，双方确认现代公司主张的 2014 年 4 月 21 日美元兑换人民币汇率是 1:6.1591。

一审法院认为：

本案系受益人即现代公司与保函开具方工商银行浙江分行之间的独立保函项下索赔拒付纠纷。双方当事人均同意本案适用《国际商会见索即付保函统一规则（URDG758）》（以下简称国际商会 758 号规则），该约定有效，故本案以该规则为依据调整当事人之间的权利义务关系。同时，因本案争议的事实部分涉及国际托收业务，故涉及国际托收业务部分，以相关当事人约定的《跟单托收统一规则第 522（URC522）》为依据。

本案的争议焦点为：（1）工商银行浙江分行据以拒付的不符点是否成立；（2）工商银行浙江分行四次拒付通知的做出是否构成有效拒付；（3）工商银行浙江分行的承兑通知对本案保函项下拒付表示是否产生影响。

一、关于工商银行浙江分行提出的据以拒付的不符点是否成立的问题。该院认为，该争议系为受益人向担保人提出索赔申请时是否做到了相符索赔、相符交单的问题。国际商会 758 号规则第 2 条定义指出："相符索赔是指满足相符交单要求的索赔；相符交单指所提交的单据及其内容首先与该保函条款和条件相符，其次与该保函条款和条件一致的本规则有关内容相符，最后在保函及本规则均无相关规定的情况下与见索即付保函国际标准实务相符。"本案中，工商银行浙江分行出具的保函明确列明了五个单据条件，即：（1）凭指示的标注运费到付通知人为申请人的清洁海运提单副本；（2）经签署的装箱单副本三份；（3）经签署的商业发票副本三份；（4）原产地证书；（5）车间测试报告。根据国际商会 758 号规则第 19 条 a 款的规则，担保人在审查受益人是否相符交单时"担保人应仅基于交单本身确定其是否构成表面相符交单。"b

款"保函所要求的单据的内容应结合该单据本身、保函和本规则进行审核。
单据的内容无需与该单据的其他内容、其他要求的单据或保函中的内容等同
一致，但不得矛盾。"而根据现代公司的交单情况看，其提供的系指明收货人
为中高公司的记名提单，并非保函条款第 1 项中的指示提单；同时，第 2 项
单据装箱单反映的货物件数与提单反映的件数亦不一致。故应可判断为单据
的内容与保函内容、单据的内容与其他要求的单据存在不符点。由于在此后
的协商中，提单的内容一直未能予以修改，故工商银行浙江分行提出的据以
拒付的不符点始终存在，工商银行浙江分行据此发出拒付通知，于理有据。
对于现代公司称保函条款中要求提供指示提单并无实际意义的主张，该院认
为，保函条款和条件系经申请人要求，受益人亦予以接受，对各方均有约束
力。根据国际商会 758 号规则，担保人的审单首先应严格遵循保函的条款和
条件，在保函条款和条件明确清晰的情况下，担保人仅需考虑单据与保函条
款条件是否表面相符即可，而凭指示的提单与记名提单在国际贸易中属两种
不同类型的提单，存在的差异是明显和确定的。现代公司关于该约定是否有
实际意义的主张实系基于基础合同的履行而做出，但因基础合同的履行情况
并不是担保人审单时所需考虑的因素，故在本案中并不能依据基础合同的履
行情况来得出单据与保函条款条件已构成表面相符的结论。

二、关于工商银行浙江分行拒付通知的做出是否构成有效拒付的问题。
因国际商会 758 号规则指明除非保函禁止多次索赔，即只允许索赔一次，否
则可以多次索赔。当索赔因不符而被拒时，该索赔不复存在，受益人可以在
失效日当日或之前再次提交索赔。针对受益人现代公司提出的多次独立的索
赔，分述如下：

第一，对于 2014 年 4 月 10 日到达的索赔通知。根据国际商会 758 号规
则第 15 条 a 款的规定"保函项下的索赔应由保函所指明的其他单据所支持，
并且在任何情况下均应辅之以一份受益人声明，表明申请人在哪些方面违反
了基础关系项下的义务，该声明可以在索赔书中做出，也可以在一份单独签
署的随附于该索赔书的单据中做出，可在一份单独签署的指明该索赔书的单

据中做出。"同时，第 20 条 a 款规定"如果提交索赔时没有表示此后将补充其他单据，则担保人应从交单翌日起五个营业日内审核该索赔并确定该索赔是否相符。"据此，任一索赔通知项下，均应有索赔交单的行为，即根据保函向担保人提交单据。2014 年 4 月 10 日外换银行向工商银行浙江分行发出索赔通知后，单据并未于当时提交。对于现代公司认为工商银行浙江分行已经在索赔之前先行收到单据的主张，该院认为，工商银行浙江分行于 2013 年 12 月 25 日收到的邮寄单据系国际托收业务项下单据，与保函业务无关，单据种类亦有不同，该邮寄单据并非保函索赔项下的交单行为，不能以此作为工商银行已经先行收到单据应即进行审单的依据。因工商银行浙江分行收到单据时间为 2014 年 5 月 4 日，故其可以从收到单据翌日起审核该索赔。2014 年 5 月 8 日，工商银行浙江分行向外换银行发出拒付通知并提示不符点，系在交单后的第四个营业日即审单期限内，且如前所述其拒付理由成立，构成有效的拒付。

第二，对于 2014 年 5 月 20 日现代公司的信函。本案所涉保函约定"书面索偿要求必须通过银行采用快递或经验证的 SWIFT 信息形式发给工商银行浙江分行，且不接受其他提交方式。"故该次现代公司以该函件索赔的方式并不符合保函约定，并非是保函项下的有效索赔通知，工商银行未予处理并无不当。

第三，对于 2014 年 5 月 30 日的索赔通知。在该索赔通知项下，工商银行浙江分行于 2014 年 6 月 3 日收到现代公司寄送的修改单据，工商银行浙江分行的审单时间应从 6 月 4 日起计算。2014 年 6 月 9 日 19 时 15 分，工商银行浙江分行以现代公司对保函的偿付要求及附后的修改后的提单非凭提示仍有不符为由拒绝索偿要求。因该拒偿通知发出时间为交单后的第四个营业日，拒付通知系在审单期限内做出，且单据中提单的相关内容未做修改，与保函条款的不符点仍然存在，工商银行浙江分行该次拒付通知的做出有规可据，亦构成有效的拒付。

第四，对于 2014 年 7 月 8 日的索赔通知。工商银行浙江分行 2014 年 7

月 8 日收到索赔通知，2014 年 7 月 15 日 17 时 54 分的回复为基于提单非凭指示的不符之处，仍拒绝现代公司的索偿要求。现代公司主张其收到拒付通知时间为 2014 年 7 月 16 日，已经超过审单时间。该院认为，国际商会 758 号规则第 24 条 e 款规定"本条 d 款所要求的通知应毫不延迟地发出，最晚不得迟于交单日翌日起第五个营业日结束之前。"对于拒付通知的发出，"发出"意为发送，故担保人对拒付通知到达交单人的时间并不承担责任。因工商银行该次拒付通知行为发出于 2014 年 7 月 15 日 17 时 54 分，系为索赔翌日起算的第五个营业日，故仅需判断该时发出的拒付通知是否仍在审单期限内即可。从本案看，保函约定了"中国工商银行股份有限公司浙江省分行特此签发本保函，并不可撤销地承诺，在收到贵公司通过贵方银行转发的首次书面索偿要求，声明申请人违反合同项下的付款义务以及违约行为时，在 7 个营业日内向贵公司支付任何一笔或数笔总额不超过 6,648,010 美元的款项"的内容，保函约定将付款日确定为索赔通知后 7 个营业日内。根据国际商会 758 号规则第 20 条 b 款"一旦担保人确定索赔是相符的，就应当付款"的规则，通常付款期限与审单期限重合，本案保函对付款日所做的约定可以视为对审单期限的修改，即从规则的五个营业日，修改为七个营业日。而根据国际商会 758 号规则第 1 条 a 款，此种修改也应是被允许的。据此判断，工商银行浙江分行于第五个营业日做出拒付通知尚在审单期限内。同时，退一步讲，即使仍然按照国际商会 758 号规则第 24 条 e 款"最晚不得迟于交单日翌日起第五个营业日结束之前"的规则，以及第 2 条："'营业日'指为履行受本规则约束的行为的营业地点通常开业的一天"这一定义，可判断工商银行浙江分行的拒付通知做出时间也尚在审单期限内。理由如下：第一，国际商会 758 号规则将营业日定义为通常开业的一天，并未采用营业时间的概念。国际商会在 UCP600 中采用了营业时间的概念，而在国际商会 758 号规则中采用营业日概念应系有所区别。《国际商会见索即付统一规则 URDG758 指南》中也陈述"URDG 使用'营业日'这一术语所要表达的是'日'而非'小时'的概念"。故只要拒付通知系在第五个营业日结束前发出，均系在审单期限内。

第二，独立保函多运用于国际银行业务，全球各地的银行位于不同时区，对于营业时间的规定也不尽相同且可变化调整，将某统一的时间作为结束营业的时间并以此约束银行间 SWIFT 电文发出的效力是不合理的。第三，"开业的一天"如需解释为营业时间，也应理解为处理见索即付保函业务相关机构的工作时间。结合本案保函电文的往来通信情况及涉案保函的制作时间等事实，工商银行浙江分行见索即付保函业务相关机构的工作时间实际晚于拒付通知做出时间。故该院认为工商银行浙江分行此次发出拒付通知的时间亦未超过审单期限，亦构成有效的拒付。

综上，工商银行浙江分行的以上拒偿通知均为有效。

三、关于工商银行浙江分行的承兑通知对本案保函项下拒付表示是否产生影响的问题。工商银行浙江分行的承兑通知系基于国际托收业务而做出，国际托收业务与保函业务属不同的法律关系，在流程操作、权利义务主体、提交单据要求上均有不同。同时，根据 URC522 第 4 条 A 款 ii 项"银行将不会为了取得指示而审核单据"的规则，2014 年 1 月 7 日，工商银行浙江分行向外换银行发送承兑通知，并不意味着工商银行浙江分行已经经过审单环节，以及对保函项下单据予以确认。该通知行为应系基于国际托收业务而根据中高公司的指示向外换银行发送通知，是中高公司在履行买卖合同付款义务时的一个履行环节，不对工商银行浙江分行产生保函项下审单的法律后果。见索即付保函的特性是独立性，即独立于申请人和受益人之间的基础关系，也独立于申请人要求担保人开立保函给受益人的指示关系，其仅受自身条款的约束，故在本案保函业务项下，工商银行浙江分行仍有权基于保函约定的条件，独立对交单是否符合保函条件做出判断。

综上所述，工商银行浙江分行有关单据与保函条件存在不符点的多次拒付均合规有效。现代公司的诉讼请求不应得到支持。一审法院依照《国际商会见索即付保函统一规则（URDG758）》第 1 条、第 2 条、第 15 条、第 20 条、第 24 条、《跟单托收统一规则第 522（URC522）》第 4 条、《中华人民共和国民法通则》第一百四十二条、《中华人民共和国民事诉讼法》第六十四条，于

2015 年 12 月 22 日判决：驳回现代公司的诉讼请求。一审案件受理费人民币
253,193 元，由现代公司负担。

上诉人诉称：

现代公司不服一审判决，向本院提起上诉称：（1）关于工商银行浙江分
行据以拒付的不符点是否成立，一审判决回避了保函要求的"指示提单副本"
和实际提交的"记名提单副本"是否属于并非等同一致，但并不矛盾的事实，
忽略了副本的概念。①根据涉案保函约定适用的国际商会 758 号规则第 19 条
b 款的规定，保函所要求单据的内容应结合该单据本身、保函和本规则进行审
核。单据的内容无需与该单据的其他内容、其他要求的单据或保函中的内容
等同一致，但不得矛盾。该款规定旨在去除索赔单据之间、索赔单据与保函
之间完全等同一致的镜像标准影响。因此本案中就副本提单而言，提单是否
凭指示或者显示收货人为申请人没有实际意义且没有区别。②根据上述规则
第 2 条，相符索赔指满足相符交单要求的索赔，而保函项下的相符交单，指
所提交的单据及其内容首先与该保函条款和条件相符，其次与该保函条款和
条件一致的本规则有关内容相符，最后在保函及本规则均无相关规定的情况
下，与见索即付保函国际标准实务相符。因此，在涉案保函本身及适用的国
际商会 758 号规则本身对于"凭指示"的提单副本与"显示收货人为申请人"
的提单副本是否存在区别或矛盾未予规定的情况下，应当依据见索即付保函
国际标准实务来进行认定。根据实务，凭指示的提单副本之要求本身违背国
际惯例，现代公司提交的提单副本至少不违反涉案保函的要求，不构成不符
点，工商银行浙江分行无权拒赔。（2）一审判决对于工商银行浙江分行拒付
四次索赔的实体和程序审查不当，在关键概念和事实认定上错误。（3）关于
工商银行浙江分行的承兑通知对本案保函项下拒付是否产生影响，一审判决
忽略了承兑项下基础交易与涉案保函项下基础交易事实的同一性，审查认定
错误。请求撤销原判，改判支持其一审诉讼请求。

被上诉人辩称：

工商银行浙江分行答辩称：（1）本案二审争议焦点即根据国际商会 758 号规则开立的独立保函项下受益人的交单是否相符以及担保银行的拒付是否成立问题，是一个单纯的事实认定问题，而非法律问题。二审法院不应就事实问题再次进行不同的质证和事实认定，除非出现事实认定错误或者有新的足以改变或推翻原有事实的重要证据。本案双方均无新的证据提交，因此二审法院不宜进行不同的事实认定。因现代公司在上诉状中未明确指出一审判决书中具体的法律适用错误，二审法院不应对法律适用问题进行审理。（2）本案保函受益人现代公司从未要求修改保函条款或者提出过异议，且受益人直接按照本案保函的条款提出了索赔，意味着现代公司自愿受保函约束。（3）本案受益人现代公司的交单不符合保函本身条件和条款的规定和要求。工商银行浙江分行仅根据表面去判断是否相符，而不需要去判断保函所要求的单据是否已经满足了功能，即使不符点没有实际意义。现代公司要求工商银行浙江分行越过单据去根据基础交易的实际履行情况或托收项下的实际履行情形去判断保函的交单和审单是否相符，违背了单据交易原则。（4）工商银行浙江分行的三次拒付均未超过时效，其拒付是有效的拒付。（5）工商银行浙江分行在托收交易上并无义务审查单据的义务，工商银行浙江分行收到托收项下的单据时，并不审核单据内容，仅仅核对收到的单据与代收行交单面函上的所列单据是否一致。因此，不能以工商银行浙江分行收到并转递了托收项下的单据就推定出其已审单或已明确知晓提单是记名海运提单，更不能推定其怀有保函项下拒付的恶意。综上，请求驳回上诉，维持原判。

二审中，双方当事人均未提交新的证据材料。

本院查明：

对于一审查明的事实，双方未提出异议，本院予以确认。

本院认为：

本案系涉外商事纠纷，根据《中华人民共和国涉外民事关系法律适用法》

第八条"涉外民事关系的定性，适用法院地法"的规定，工商银行浙江分行向现代公司开出付款保函，该保函的性质应当适用法院地法确定。根据保函文本内容，开立人工商银行浙江分行的付款义务独立于基础交易关系及保函申请法律关系，其仅承担相符交单的付款责任；且案涉保函载明适用国际商会758号规则。因此，该保函可以确定为独立保函。独立保函载明适用国际商会758号规则，双方当事人在庭审中均一致援引该规则，应当认定该规则的内容构成独立保函条款的组成部分并予以适用。

根据现代公司陈述的上诉理由以及工商银行浙江分行的答辩意见，本案的争议焦点为：（1）工商银行浙江分行拒付的不符点是否成立；（2）工商银行浙江分行四次拒付通知的做出是否构成有效拒付；（3）工商银行浙江分行在托收项下的承兑通知对本案保函拒付是否产生影响。

关于争议焦点一，国际商会758号规则第2条规定："相符索赔是指满足相符交单要求的索赔；相符交单指所提交的单据及其内容首先与该保函条款和条件相符，其次与该保函条款和条件一致的本规则有关内容相符，最后在保函及本规则均无相关规定的情况下与见索即付保函国际标准实务相符。"独立保函作为开立银行与受益人之间具有法律约束力的合同，一旦受益人接受保函的条款或根据保函的条款向开立银行提出索赔，即表明受益人自愿接受保函的全部条款并受其约束。本案中，工商银行浙江分行开立的保函明确列明了五个单据条件，受益人现代公司接受保函时并未提出异议，其在索赔时即应提供与该保函条款和条件相符的全部单据，不能再以部分单据不符合银行业国际惯例或该单据无实际意义为由而拒绝提交。

关于现代公司提交的单据是否具有不符点，本案双方争议的不符点在于第一个单据条件即"凭指示的标注运费到付通知人为申请人的清洁海运提单副本"。现代公司认为保函要求的指示提单副本与实际提交的记名提单副本没有区别且工商银行浙江分行对此明知；工商银行浙江分行则认为其有权按照保函条款严格审单。本院认为，根据独立保函载明的审单标准即国际商会758号规则第19条，开立人在独立保函单据审查过程中应当适用表面相符、严格相符的原则，而不采用镜像相符或实质相符原则。因此，工商银行浙江分行应审查现代公司提交的单据与保函条款和条件是否表面上相符。而现代公司提交的记名提单副本与保函所要求的指示提单副本在提单类型上已显著不同，两者在国际贸易和海上运输中的差异显而易见，工商银行浙江分行据此认为现代公司提交的单据存在不符点并无不当。现代公司关于其提交的记名提单副本与保函要求并无区别或并不矛盾的理由缺乏相应的法律依据和事实依据；其提出该单据条件无实际意义及工商银行浙江分行对此已明知的理由系基于基础合同的履行出发，违背了独立保函的单据交易原则和表面相符原则。综上，一审判决认定现代公司的交单不符合保函条件和条款的要求并无不当。

关于争议焦点二，即工商银行浙江分行发出的拒付通知是否构成有效拒付的问题。对于现代公司通过外换银行提出的有效索赔通知，工商银行浙江分行均在审单期限内做出拒付通知，因现代公司对于提单副本一直未做修改，存在不符点，故工商银行浙江分行的拒付理由成立，构成有效的拒付。对于现代公司自行通过信函方式提出的索赔通知，违反了保函"书面索偿要求必须通过银行采用快递或经验证的 SWIFT 信息形式发送，且不接受其他提交方式"的要求，故工商银行浙江分行未予处理亦无不当。

关于争议焦点三，根据 URC522 第 4 条"银行将不会为了取得指示而审核单据"的规则，银行在托收交易上并无审查单据的义务，对单据内容和形式以及单据的真实性均不承担任何责任。因此，工商银行浙江分行向外换银行发送托收承兑通知的行为，不能认定工商银行浙江分行已完成审单并予以确认。而且，托收交易和独立保函属不同的法律关系，独立保函的独立性也意味着其独立于银行所操作的其他业务。因此，工商银行浙江分行有权基于保函的条款和条件，独立对单据是否表面相符做出判断。现代公司不能要求工商银行浙江分行利用托收业务中知晓的基础交易履行情形来作为独立保函索赔的审单依据，其该项上诉理由亦不能成立。

综上所述，本案系受益人现代公司与保函开立人工商银行浙江分行之间关于独立保函项下的索赔纠纷。现代公司发出索赔通知后，其提交的单据不符合保函约定的单据条件。工商银行浙江分行已在保函约定的审单期限内发出了拒付通知，且其依据的不符点理由成立，故其有权拒付保函项下的款项。现代公司关于工商银行浙江分行依据的不符点不成立以及拒付无效的上诉理由均不能成立，本院不予支持。原审判决认定事实清楚，适用法律正确，实体处理得当。依照《中华人民共和国民事诉讼法》第一百七十条第一款第（一）项之规定，判决如下：

裁判结果：

驳回上诉，维持原判。

二审案件受理费 253,193 元，由现代重工有限公司负担。

本判决为终审判决。

5. 中国海外工程有限责任公司与波兰国家高速公路管理局、中国进出口银行保证合同纠纷

[裁判评析]

保函的一方当事人违约且侵害另一方人身、财产权益的，受害方可以依据《中华人民共和国合同法》第一百二十二条向有管辖权的法院提起侵权之诉。

《中华人民共和国民事诉讼法》第二百三十五条规定，在中华人民共和国领域内进行涉外民事诉讼，适用本编规定。本编没有规定的，适用本法其他有关规定。根据《中华人民共和国民事诉讼法》第二十九条规定，因侵权行为提起的诉讼，由侵权行为地或者被告住所地人民法院管辖。因此在实务中，虽然当事人在保函中约定了外国法院对涉案争议有管辖权，但是该条款依然可能因侵权之诉而遭到排除适用。

在实务中，如果在保函中约定了管辖机构，则需尽量避免侵权纠纷的发生，如此即可使得所发生的争议受当事人合同约定管辖机构管辖。另一方面，如果一方以合同纠纷为由向保函约定的管辖机构提起诉讼或仲裁的，另一方可通过提起侵权之诉将管辖权拉回侵权行为地（一般为付款行所在地）法院管辖。

依据《最高人民法院关于涉外民商事案件诉讼管辖若干问题的规定》第一条第（二）项、第三条第（一）项规定，涉外合同和侵权纠纷案件，省会、自治区首府、直辖市所在地的中级人民法院管辖第一审涉外民商事案件。因此本案中，北京市第一中级人民法院享有对本案的管辖权。

[北京市第一中级人民法院（2011）一中民初字第 13686-2 号民事裁定书]

被告管辖权异议：

被告提交答辩状期间对管辖权提出异议，认为：1. 中海外公司向本院提起诉讼缺乏管辖权依据。（1）各方法律关系均属合同关系。波兰公路管理局

与中海外公司存在设计、施工的基础合同，波兰公路管理局与进出口银行存在保函合同关系，中海外公司则是保函开证申请人及反担保保证人，且保函第7条明确规定了中海外公司有义务根据合同维持保函在适用期限内的效力；（2）中海外公司并不具备受侵权法保护的民事权利。侵权法律关系中保护的民事权益是绝对权、对世权，本案中进出口银行及中海外公司付款与否的权利义务都取决于合同，是对人权，不受侵权法调整。波兰公路管理局提出的事实和证据均清楚表明，不存在欺诈事实，所有的争议都是基于基础合同和保函的合同争议。而各自以对方违约为由解除合同并不构成所谓"合意解除"。解除合同的通知等都不能用来证明上述任何欺诈事实的存在，相反只能用来证明波兰公路管理局和中海外公司存在合同纠纷。中海外公司称由于"波兰公路管理局根据保函申请合同的约定必须向进出口银行付款"，所以"损害必然发生"，而只有损害结果已经发生才是侵权行为的必备要件。故中海外公司在其与进出口银行的反担保关系中存在合同权利，但该权利不具有侵权法所保护的绝对权、对世权的性质；（3）中海外公司起诉所称的欺诈性索赔因进出口银行已经拒付，不会产生任何损害后果，侵权之诉缺乏基础；（4）欺诈例外的适用与限制。欺诈例外并不具有实体侵权法上的性质，仅具有作为禁令事由的程序法上的性质。法院仅根据欺诈例外做出禁令，不因此干预或变更基础合同或保函的既有管辖权。本案仍应根据基础合同或保函的既有管辖权提交波兰法院进行争议解决。2. 中海外公司系虚假起诉、恶意规避合同约定管辖。按照中海外公司和波兰公路管理局的基础合同以及保函中的条文约定，合同就基础合同和保函项下的争议，管辖法院为波兰法院，中国法院不具有管辖权。目前，波兰公路管理局与中海外公司等组成的联合体就有关基础合同项下的争议已经依据合同约定提交波兰法院进行审理。中海外公司并未在波兰法院管辖的案件质疑波兰法院的管辖权，这就意味着其已经实际承认波兰法院的管辖权。为了实现止付保函的短期利益，中海外公司选择提出虚假的侵权诉讼，试图规避应由波兰法院行使管辖权的约定。3. 中海外公司所谓侵权、侵权诉讼将造成严重后果。如果欺诈例外突破禁令事由与范围，突破合同的管辖约定而转变为一种侵权性质的诉讼，就难以阻止今后其他当事人援引该观点而随时申请法院止付中国的银行独立保函和提起侵权诉讼，最终将导致中国的银行出具的保函难以被其他国家的受益人接受。综上所述，中海外公司为规避基础合同约定的管辖，通过编造侵权法律关系虚假起诉，其行为不应得到中国法院的支持。

本院认为：

根据《中华人民共和国民事诉讼法》第二百三十五条的规定，在中华人民共和国领域内进行涉外民事诉讼，适用本编规定。本编没有规定的，适用本法其他有关规定。故有关民事诉讼的法律，应适用我国法律。

管辖权的确定是人民法院根据当事人的诉请和答辩，就确定案件管辖权的事实依据和法律依据进行审查，从而确定本院是否有管辖权的一种司法审查活动。

首先，法律关系性质不同的案件，管辖连接点的确定不同，可能导致法院管辖的不同。合同纠纷和侵权纠纷的地域管辖的规定不同。本案中，虽然中海外公司和波兰公路管理局之间施工基础合同，进出口银行和波兰公路管理局之间保函合同，作为合同关系，当事人均可在合同中约定管辖法院。但是，正如《中华人民共和国合同法》第一百二十二条所规定的，因当事人一方的违约行为，侵害对方人身、财产权益的，受损害方有权选择依照本法要求其承担违约责任或者依照其他法律要求其承担侵权责任。本案中，中海外公司以保函欺诈为由提起侵权之诉，符合《中华人民共和国民事诉讼法》第一百零八条的规定，至于是否符合见索即付保函欺诈例外的规定，乃系管辖权确定之后，原告中海外公司诉请是否有事实和法律依据，法院是否予以支持的问题。故波兰公路管理局提出中海外公司并不具备受侵权法保护的民事权利的理由，并不是确定管辖权的法律理由，本院不予支持。

其次，本案乃系涉外纠纷，具体而言，属于涉外侵权纠纷。根据《中华人民共和国民事诉讼法》第四编"涉外民事诉讼程序的特别规定"第二百三十五条规定：在中华人民共和国领域内进行涉外民事诉讼，适用本编规定。本编没有规定的，适用本法其他有关规定。就侵权纠纷管辖问题，《中华人民共和国民事诉讼法》第二十九条规定，因侵权行为提起的诉讼，由侵权行为地或者被告住所地人民法院管辖。本案中，中海外公司以保函欺诈构成侵权为由起诉，而进出口银行作为付款行，其住所地位于本院辖区，故从地域管辖来看，本院对本案有管辖权。

最后，从级别管辖而言，《最高人民法院关于涉外民商事案件诉讼管辖若干问题的规定》第一条第（二）项、第三条第（一）项规定，涉外合同和侵权纠纷案件，省会、自治区首府、直辖市所在地的中级人民法院管辖第一审涉外民商事案件。故本院作为直辖市所在地的中级人民法院，从级别管辖来看，对本案有管辖权。

综上所述，波兰公路管理局管辖异议不成立，本院不予支持。依照《中华人民共和国民事诉讼法》第二十九条、第三十八条、第一百四十条第一款第（二）项、第二百三十五条的规定，裁定如下：

裁判结果：

驳回被告 General Director of State Roadsand Motorways 对本案管辖权提出的异议。

6. 北京万桥兴业机械有限公司与被告爱登技术有限公司、第三人中国工商银行股份有限公司北京市分行保函欺诈纠纷

[裁判评析]

"基础合同项下的义务"可以涵盖"质保责任"。但为了完全避免一方以"合同义务"不同于"质保义务"为由，主张索赔陈述与保函约定不符的，建议在合同中明确保函担保范围覆盖合同中的全部义务，以避免不必要的纠纷。

判断是否构成保函欺诈的关键在于索赔是否存在欺诈性的虚假陈述。因此法院虽然不应全面审理基础合同关系，但是依然可以就基础合同与保函的相关内容及履行情况进行必要、有限的审查，以此判断是否构成欺诈。

法院判断是否构成保函欺诈的有限审查范围限于以下几种情形：受益人是否故意告知虚假情况；受益人明知申请人没有违约却隐瞒真实情况试图诱使担保银行向其支付保函项下款项的。

唯有受益人明确被认定为欺诈性索赔的，法院才可以止付保函。

[北京市第一中级人民法院（2013）一中民初字第 896 号民事判决书]

原告诉称：

1. 本案的基本事实：（1）2010 年 8 月 31 日，万桥公司与爱登公司签订了第 31082010 号供货合同（即基础合同），约定由万桥公司依据爱登公司提供的设计制造生产 990 吨运架一体机的主梁（即标的货物），并交付给爱登公司。根据基础合同第 4 条的约定，基础交易所适用的国际贸易术语为 EXW，即标的货物在北京万桥公司的工厂出场交付，货物的装车、运输全部由买方即爱登公司负责安排；第 11.1 条的约定，卖方即爱登公司负责标的货物质保期为"从买方出具性能测试证书之日起 12 个月，但最长不得超过最后出货日起 18 个月"。（2）2011 年 1 月 6 日至 1 月 17 日，万桥公司依照基础合同的约定，按照爱登公司所提供的设计图纸及方案完成了基础合同标的货物的制造工作，

并由第三方检验机构邦能达（北京）无损检验有限公司对标的货物即运架一体机主梁进行了超声波及磁粉检测，检测结果均证实了该运架一体机主梁的质量完全符合合同约定及行业质量标准，并出具了相关检测报告。2011年4月30日，万桥公司根据基础合同项下的要求向爱登公司出具了标的货物的商业发票及装箱单，在该商业发票及装箱单中同样写明了所交付的货物及交货的方式即万桥公司工厂交货，完成了全部交货义务。同日，万桥公司在其工厂所在地向爱登公司交付了基础合同项下的标的货物，并由爱登公司所委托的货运代理公司天津蓝海物流有限公司向万桥公司出具了货物代理公司收据，证实了万桥公司在基础合同项下的全部货物均已在该日发运并交付给爱登公司。2011年12月21日，爱登公司将基础合同标的货物运抵韩国的最终用户使用地并进行了检测，检测货物质量合格后签署了性能测试证明，证实了万桥公司所交付的全部基础合同项下的标的货物已通过检测，并表明爱登公司对全部货物均已接受。（3）2011年12月27日，工行北京分行根据万桥公司申请开立了编号为第LG111091100324号的质保保函，工行北京分行在该保函项下承担不超过10万欧元的保证义务，在该质保保函中约定该保函所担保的对象为合同标的物的质量，保函的付款条件为爱登公司作为受益人向工行北京分行发出通过经验证的SWIFT索赔电文，并在该电文中明确陈述万桥公司在基础合同项下违反了质保义务，并指出违反质保义务的具体方面。2012年12月19日，即已超过合同规定的质保期1个月后（全部货物均已在2011年4月30日前发运，根据合同规定的质保期最长不超过最后一批货物发运后18个月即2012年10月30日质保期已届满，爱登公司向工行北京分行发出了质保保函项下的索赔电文，在该索赔电文中爱登公司虚假陈述万桥公司在基础合同项下存在违约行为，违约的具体方面为其所提供的设备存在重大瑕疵。

2. 应终止质保保函项下的付款责任。（1）爱登公司在索赔函中存在明显不符点。根据质保保函文本的规定，受益人在提出索赔时提交的索赔函需陈述两点内容：一是万桥公司违反了基础合同项下的质保义务，二是万桥公司所违反义务的具体方面。爱登公司在质保保函项下提交的索赔电文中的陈述的第一点为万桥公司违反了"合同义务"，并未严格按照保函文本的规定在索赔函中明确陈述万桥公司违反了"质保义务"。爱登公司在质保保函索赔电文中的陈述表面上明显与保函条款不相符，违反了《见索即付保函统一规则（国际商会第458号出版物）》（以下简称URDG458）第九条中规定的索赔需"严格相符"的原则，属于不相符索赔。（2）爱登公司在保函项下的索赔构成保函欺诈。①如前所述，基础合同规定的卖方的最长质保期限为自2011年4月30日起的18个月，也即万桥公司的质量担保责任于2012年10月30日终止。对这一事实爱登公司显然是明知的，因此爱登公司于2012年12月19日提起质保保函项下的索赔，系其在明知其无权索赔的情况下提起的索赔，属于典型的保函项下欺诈性索赔。②爱登公司在索赔电文中进行虚假陈述，企图骗取质保保函项下款项，属于欺诈性索赔。如上所述，爱登公司在索赔电文中陈述万桥公司在履行基础合同过程中存在违约行为，违约的具体方面为提供的设备存在重大瑕疵。但事实上，涉案标的货物运架一体机主梁早已由爱登公司转卖给韩国的最终用户，并一直在韩国最终用户的工地上正常运转和使用，至今韩国最终用户也从未就涉案标的货物向爱登公司提起过任何质量异议或索赔。因此，爱登公司在质保保函项下的索赔，以及其所称的"设备存在重大瑕疵"的陈述均为虚假陈述。该虚假陈述行为不但违反质保保函本身的规定，构成质保保函项下的违约，同时也构成保函欺诈，应当终止质保保函项下的付款。③爱登公司在质保保函项下的索款均属于欺诈性索款，侵犯了万桥公司的合法权益。

3. 本案的适用法律及管辖权。根据质保函约定适用URDG458第27条规定："除非担保函或者反担保函另有规定，否则其适用的法律应当是担保人或者指示方（视情形而定）营业地的法律，……"因此，本案的适用法律应为担保人即工行北京分行所在地的法律，即适用URDG458及中国法。根据URDG458第28条规定："除非担保函或者反担保函另有规定，担保人和受益人之间与保函有关的争议，或者指示方和担保人之间与反担保函有关的争议应当排他地由担保人或者指示方（视情形而定）的营业地国有管辖权的法院解决，……"因此，本案应当由担保银行即工行北京分行的所在地国即中国有管辖权的法院解决，即由北京市第一中级人民法院进行管辖。综上，爱登公司在明知质保期已超过，并且货物并不存在重大瑕疵，明知其无权索赔的情况下，在索赔电文中故意隐瞒真实情况欺诈性的告知工行北京分行虚假情况，试图骗取质保保函项下的款项，最终侵害万桥公司的财产权益，其行为已构成欺诈，侵犯了万桥公司的合法财产权益。诉讼请求：（1）工行北京分行终止向爱登公司支付 LG111091100324 银行保函项下款项 10 万欧元（保函金额折算为人民币为 819,830 元，按中国银行官方网站最新公布的人民币与欧元汇率中间价计算：1 欧元 =8.1983 人民币）；（2）由爱登公司承担本案的所有诉讼费用。

被告辩称：

一、本案的基本事实：2010 年 8 月 12 日，爱登公司与韩国公司签署供应合同，参与建设韩国湖南高速铁路第 3-1 段项目，爱登公司负责制造带有下导梁机的 990 吨架桥机的设计和制造，合同金额为 3,735,000 欧元。为完成上述合同，爱登公司与万桥公司签署了涉案的供货合同，约定万桥公司依据爱登公司提供的设计图纸制造 990 吨架桥机的主梁，爱登公司提供部分组件，由万桥公司在其工厂根据图纸组装至主梁上，并交付给爱登公司。合同金额为 138 万欧元，且万桥公司需要向爱登公司提供一份履约银行担保，以此作为正确履行自身义务的担保，担保金额为合同价值的 10%。同时，爱登公司与万桥公司签订补充协议约定爱登公司提供的零部件和材料运往万桥公司工厂，万桥公司负责生产和组装，零部件的进口、出口手续由万桥公司承担，架桥机主梁由万桥公司在规定时间内运抵爱登公司的客户。合同签订后，工行北京行为四份合同分别开具了履约保函，金额为 138,000 欧元。爱登公司方面完成设计图纸的绘制后将其提供给万桥公司，并将所有由爱登公司提供的部件、材料及详细表单于 2010 年 12 月和 2011 年 1 月分两次运抵中国。但万桥公司示没有能力为这些货物清关，时间长达 5 个月之久。大部分部件后来由爱登公司直接运往韩国客户工地，但未能按照供货合同规定与主梁进行装配。万桥公司将主梁运抵施工现场后，爱登公司发现本应由万桥公司提供的部件存在缺失。在此情况下，爱登公司不得不重新购买这部分部件并承担了全部费用。由于诸多零部件未能在北京制造工厂装配，增加了现场作业难度，且万桥公司只有四名装配技术人员，本应45到50天完成的组装工作拖延了四、五个月才完成。在施工现场组装阶段，另一较早由万桥公司提供相同产品的韩国用户发现由万桥公司制造的主梁平台存在裂缝。这些裂缝的出现阻碍了机械的正常运作和使用，而且具有高度危险性。为了防止事故，所有使用万桥公司产品的四个工地立即暂停了施工。在对现场进行相应的检查后认为这些裂缝是由于万桥公司在制造组成部件时缺少内部焊接。爱登公司立即向万桥公司提出了缺陷投诉。为弥补万桥公司在制造上的缺陷，必须在缺少焊接的地方进行加固焊接，以并以此保证最低限度的结构稳固性。为此，爱登公司承担了在四台架桥机上此类工程的所有费用。在四台架桥机初步修补完成后，万桥公司、爱登公司认识到货物缺陷仍然需要进一步的修复，方于2011年12月21日达成补充协议，万桥公司同意向爱登公司追加提供总额为50万欧元的担保。达成补充协议后，为了加快对工地上所有设备的最后检测，以期万桥公司能完善后期修复和服务，爱登公司同意出具了架机桥主梁的性能测试证明。2011年12月27日，根据爱登公司的函件和万桥公司的申请，工行北京分行开立了以爱登公司为受益人的质保保函，有效期限至2012年12月25日。前述性能测试证明和新的保函开立后，韩国公司技诉组装时间延长、零件缺失、交付日期延迟、韩国公司进行了架桥机的额外工作。爱登公司虽然多次与万桥公司沟通，要求其承担其所知悉的、技术人员核实过的相关损害，但万桥公司均不予合作。2012年8月，爱登公司向工行北京分行申请支付履约保函项下的款项，并于9月7日收到相应的款项。同年12月19日，爱登公司向工行北京分行发出索赔电文对质保保函申请支付。

二、万桥公司申请终止支付保函违背客观事实和URDG458，（1）万桥公司存在延期交付架桥机主梁、未能办理进口零部件入关、在工厂生产中不能实现零部件与主体机械装配、自供零部件缺失、主体机械出现"裂缝"等重大缺陷、施工现场技术人员较少且进度缓慢等违约行为。万桥公司的这些违约行为给爱登公司造成了巨大损失，爱登公司基于这些客观事实要求索赔并不构成欺诈。根据见索即付保函的欺诈例外原则，保函止付的条件只能是有关索偿存在"明显性欺诈"，即索赔是基于绝对的、明显的恶意。在整个合同履行期间，爱登公司对万桥公司的违约行为提出了诸多异议，爱登公司与万桥公司的合同纠纷真实存在。在此情况下，爱登公司的索赔并不构成"明显性欺诈"。（2）质保保函是根据 2011 年 12 月 21 日补充协议开立的，爱登公司在保函有效期内要求索赔支付并无不当。（3）万桥公司将索赔期限视同保修期是错误的。并且，万桥公司对于保修期的起止日期计算也是错误的，由于万桥公司不能办理零部件的入关手续以及万桥公司自己承担的零部件缺失，其在 2011 年 4 月交付的货物只是架桥机主梁的主体机械，并非供货合同约定的最终完成装配的架桥机主梁，而最终完成主体及零部件装配时间是在 2011年底。综上所述，爱登公司申请质保保函支付符合 URDG458 的规定，不存在保函欺诈的情形，万桥公司的诉讼请求不能成立，应予驳回。

第三人陈述称：

本案系在万桥公司与爱登公司真实贸易往来中，工行北京分行根据万桥公司的申请开具了受益人为爱登公司的质保保函。在保函有效期内，工行北京分行收到了受益人爱登公司的索赔通知。后工行北京分行收到法院的民事裁定书，并按照裁定书内容对涉案款项进行了止付。

对于本案基础交易中涉及的双方争议，工行北京分行作为独立保函的开立方，没有能力也没有义务进行审查，工行北京分行将根据法院的生效裁判文书协助执行。

本院认为：

本案系保函欺诈纠纷，属因侵权行为提起的诉讼。本案担保银行及保函项下款项支付地为工行北京分行住所地，该住所地应认定为侵权行为地，故本院依法对本案具有管辖权，且爱登公司对此无异议。

关于本案的法律适用问题，《中华人民共和国涉外民事关系法律适用法》第四十四条规定："侵权责任，适用侵权行为地法律，但当事人有共同经常居所地的，适用共同经常居所地法律。侵权行为发生后，当事人协议选择适用法律的，按照其协议。"如前所述，本案系因侵权行为提起的诉讼，在本院审理过程中，万桥公司提出根据质保保函指向的 URDG458 第 27 条的规定，本案的适用法律应为担保人即工行北京分行所在地的法律，爱登公司及工行北京分行对此均表示认可，故本案适用中华人民共和国法律。

针对质保保函，爱登公司向工行北京分行索赔是否存在明显不符点，是否构成保函欺诈系本案的争议焦点。

一、关于是否存在明显不符点的问题

工行北京分行在质保保函中，不可撤销地承诺在收到爱登公司通过银行发送的经证实的 SWIFT 电文，并申明万桥公司违反其质保责任及其违约的具体方面后，向爱登公司支付索赔的金额。爱登公司在针对质保保函提出的索赔电文中，已申明万桥公司违反基础合同项下的义务，并指明违约的具体方面包括提供的设备存在重大制造缺陷。虽然万桥公司认为爱登公司提交的索赔电文中的陈述系违反了"合同义务"而非"质保义务"，但"基础合同项下的义务"显然已涵盖了"质保责任"，爱登公司在索赔函中的陈述并不存在明显的不符点，故万桥公司的该项意见不能成立，本院不予支持。

二、关于是否构成保函欺诈的问题

本案所涉保函为见索即付的独立保函，其独立于基础合同，只要符合保函索赔条件，担保银行就应当支付保函项下款项。但同时也存在"欺诈例外"，即人民法院在审查保函项下的索赔是否存在欺诈性的虚假陈述从而确认是否构成保函欺诈时，虽不应全面审理基础合同关系，但可以就基础合同与保函相关的内容以及履行情况进行必要、有限的审查，从而判断是否构成欺诈。《最高人民法院关于贯彻执行〈中华人民共和国民法通则〉若干问题的意见》第 68 条规定，"一方当事人故意告知对方虚假情况，或者故意隐瞒真实情况，诱使对方当事人做出错误意思表示的，可以认定为欺诈行为"。据此，有限审查的范围，应限于保函受益人是否存在故意告知虚假情况，或明知保函申请人没有违约而仍隐瞒真实情况试图诱使担保银行向其支付保函项下款项的恶意索赔的情形。债务人若能充分、清楚地举证证明其已全面履行债务，受益人可被明确认定为欺诈性索赔的，人民法院方可止付保函。

本案中，万桥公司提供了由爱登公司出具的性能测试证明等证据，用以证实其交付的设备符合基础合同的约定，不存在质量问题。对此，本院认为，首先，从爱登公司与万桥公司的往来函件中可以看出，双方针对设备的质量问题进行过反复沟通，并就其成因存在较大争议；其次，根据双方在意大利仲裁过程中所形成的法庭技术顾问报告显示，本案诉争设备存在裂缝的原因并非不符合设计规则，而是源自万桥公司对项目操作的瑕疵，特别是缺少焊接，像万桥公司这样的并非刚刚涉足该领域的企业应该能够进行正确的焊接；再者，在 2011 年 12 月 21 日爱登公司出具性能测试证明的当天，万桥公司在履约保函之外又申请额外的保函，工行北京分行据此于 12 月 27 日开立了诉争的质保保函，由此反映出双方并未因性能测试证明的出具而免除了万桥公司质量担保义务。综合以上因素，本院认为，根据万桥公司的现有证据，尚并不足以证明其所交付的设备不存在任何质量问题，亦不足以证明爱登公司针对质保保函存在故意告知虚假情况或隐瞒真实情况而进行恶意索赔的情形。在此情况下，爱登公司依其对基础合同以及对己方损失构成的理解，针对质保保函提出全额索赔的行为亦不能认定为构成保函欺诈。

综上，万桥公司的诉讼请求缺乏足够的证据支持，本院对此不予支持。本院做出的（2013）一中民初字第 896 号民事裁定书，中止支付质保保函项下款项的效力应维持到本案终审法律文书生效时止。依据《中华人民共和国涉外民事关系法律适用法》第四十四条，《最高人民法院关于贯彻执行〈中华人民共和国民法通则〉若干问题的意见》第 68 条之规定，判决如下：

裁判结果：

驳回原告北京万桥兴业机械有限公司的诉讼请求。案件受理费一万一千九百七十四元，保全费五千元，均由原告北京万桥兴业机械有限公司负担（已交纳）。如不服本判决，原告北京万桥兴业机械有限公司、第三人中国工商银行股份有限公司北京市分行可以在判决书送达之日起十五日内，被告爱登技术有限公司可以在判决书送达之日起三十日内，向本院递交上诉状，并按对方当事人的人数提出副本，同时按照不服判决部分的数额，交纳上诉案件受理费，上诉于北京市高级人民法院。在上诉期满后七日内仍未交纳上诉案件受理费的，按自动撤回上诉处理。

7. 格里布瓦尔水泥有限公司与中材装备集团有限公司、中国工商银行股份有限公司天津分行保函欺诈纠纷

[裁判评析]

保函的独立性原则不能对抗诚实信用和反欺诈原则。因为后两者是商业活动中应普遍遵守的原则。因此法院可在保函欺诈案件中对基础合同的实际履行情况进行有限度的审查。

申请人需向法院提交证据证明自己已按照约定实际履行了各项合同义务，如此，法院方能认为认定受益人的索赔存在欺诈情形。

因此在保函欺诈案件中，法院格外重视能反应合同履行情况的各项证据。本案中因为申请人对证据的保存相当完整，才使得法院相信申请人已经如约履行了义务，不存在违约行为。

[天津市高级人民法院（2012）津高民四终字第 3 号民事判决书]

一审法院查明：

2004 年 12 月 30 日，天津水泥工业设计研究院有限公司（以下简称天津水泥设计院）与格里布瓦尔公司在巴基斯坦签订《巴基斯坦境内水泥生产线（日产 6700 吨）合同》（以下简称基础合同）。合同约定，天津水泥设计院同意承接整条水泥生产线的工程设计和设备供货，并按本合同约定在中国提供特定培训服务；格里布瓦尔公司承担水泥库和包装车间的工艺电气设计、全厂的土建设计和土建施工，并按照安装说明和操作说明进行全厂的安装和操作工作；合同价格为 26,679,520 美元和 6,826,000 欧元。双方约定工厂的各车间分别进行单车间的履约测试，在各车间按照履约测试的要求达到保证值产量的 80% 后，天津水泥设计院要以书面形式通知格里布瓦尔公司履约测试的时间和车间；格里布瓦尔公司在收到通知后 7 天内，要向天津水泥设计院提供接受的通知或是不接受的说明；如果格里布瓦尔公司在上述 7 天内没有提供

任何说明，则视为其同意履约测试。如果各车间履约测试的结果达到保证值要求，格里布瓦尔公司要向天津水泥设计院申请颁发该车间的临时验收证书，如果不颁发，则视为格里布瓦尔公司同意颁发该车间的临时验收证书。关于履约保证和违约金部分，格里布瓦尔公司要按技术文本的要求负责提供履约测试所需的原料。如果格里布瓦尔公司提供的原料质量低于技术规格的要求，天津水泥设计院有权相应调整保证值。天津水泥设计院的保证值是基于满足技术规格规定为前提。如果天津水泥设计院提供的车间和设备未能达到保证值和保证产量的要求，对其总罚款额最大不超过合同价值 (FOB 价) 的 10%。在车间达到保证产值的前提下，履约测试结束后的 7 日内，格里布瓦尔公司向天津水泥设计院出具临时验收证书，说明该车间已经达到性能保证值的要求。自合同生效之日起 30 个月内因格里布瓦尔公司的原因未能进行履约测试，质保期自合同生效的第 31 个月开始计算。如果某车间未能达到保证产量的要求，格里布瓦尔公司按合同附件格式向天津水泥设计院出具失败通知，并按合同条款索赔违约金。格里布瓦尔公司要向天津水泥设计院出具最终验收证书，说明自质保期结束后 7 日内整个工厂已经被格里布瓦尔公司接受，天津水泥设计院已经完成合同项下的所有责任。如果因格里布瓦尔公司的原因自合同生效之日起 42 个月内未能进行履约测试，格里布瓦尔公司要支付合同总价 5% 的质保金，并且免除天津水泥设计院合同项下的所有责任。双方同时约定在执行合同中发生纠纷时，双方应及时协商解决，协商不成将根据巴基斯坦 1940 年仲裁法在迪拜进行仲裁。

2005 年 1 月 19 日，天津水泥设计院同意接受格里布瓦尔公司在基础合同中有关土木建筑设计工程方面的义务，双方并就该义务的相关问题进行了约定。

2007 年 8 月 30 日，天津水泥设计院与格里布瓦尔公司签订《调试合同》。该合同约定：(1) 天津水泥设计院第一批调试队伍进入现场的三天前即为调试日。(2) 调试人工费为每工日 60 美元（8 小时）。(3) 第一批调试队伍自收到 20 万美元信用证起两周内出发至现场。预付款 5 万美元以信用证形式开出，可从第一笔发票中扣除等。后天津水泥设计院派出调试组前往格里布瓦尔公司，并要求格里布瓦尔公司支付调试费用及开立质保金信用证。格里布瓦尔公司于 2008 年 11 月 6 日开出了于 2009 年 1 月 13 日到期的 20 万美元信用证，但由于缺少信用证项下的单据，天津水泥设计院至起诉时尚没有收到该 20 万美元的调试费。

2007 年 10 月，天津水泥设计院与格里布瓦尔公司签订《日产 6700 吨水泥生产线合同附件 6》（以下简称合同附件 6），双方就银行保函达成如下协议：天津水泥设计院提供两个独立新银行保函（无条件且不可撤销），其中美元保函和欧元保函各占合同金额的 10%，即 2,689,741.80 美元和 707,600 欧元，以格里布瓦尔公司为受益人，有效期至 2008 年 5 月 30 日，由巴基斯坦国家银行确认。如果由于天津水泥设计院的问题，履约测试未能完成，天津水泥设计院应该延长银行保函或者按照合同条款支付格里布瓦尔公司定额赔偿。如在 2008 年 5 月 30 日前，非因天津水泥设计院的原因履约测试未能启动，天津水泥设计院不负责相关银行保函延期工作。双方约定就合同剩余金额 5% 按以下方式支付：在试车前，格里布瓦尔公司开具信用证或开具设备合同价格 5% 的银行保函，即在质保期限到期的随后 15 天内，凭根据信用证开具的即期汇票和格里布瓦尔公司颁发的最终验收证书付款。由于格里布瓦尔公司的过失在 2008 年 2 月 15 日之前未能开出信用证或银行保函，银行保函金额将减至合同价格的 5%。格里布瓦尔公司在质保期结束后应支付合同价款的 5%。

2008 年 2 月 5 日，天津水泥设计院以工商银行天津分行为担保行，以格里布瓦尔公司为受益人申请开立两个无条件和不可撤销的银行保函，金额分别为 2,689,741.80 美元和 707,600 欧元，有效期至 2008 年 5 月 30 日。该保函约定，自收到格里布瓦尔公司在保函有效期内根据此保函可能发出任何指明天津水泥设计院未能履行协议下义务的索赔请求通知后 15 天内，工商银行天津分行向格里布瓦尔公司支付总金额最大值 2,689,741.80 美元和 707,600 欧元，无需向天津水泥设计院取证，即使天津水泥设计院与格里布瓦尔公司之间或有争议。此保函所有索赔必须通过巴基斯坦国家银行发送 SWIFT 报文且此保函下的所有索款将支付巴基斯坦国家银行并贷记到格里布瓦尔公司账户。此保函受国际商会 458 号出版物《见索即付保函统一规则》约束，并适用新加坡法律。

2008 年 5 月 29 日，格里布瓦尔公司的委托行巴基斯坦国家银行向工商银行天津分行发出 SWIFT 报文，提出天津水泥设计院违反了保函未履行条款的协议，请求支付 LG121990800021、LG121990800041 项下的款项 2,689,741.80 美元和 707,600 欧元。2008 年 7 月 2 日，巴基斯坦国家银行向工商银行天津分行发出 SWIFT 报文，称该行参照上述银行保函，已收到格里布瓦尔公司向天津水泥设计院发送的，关于将索兑此保函日期推延至 2008 年 7 月 20 日的请求。后经多次推延，银行保函的兑现期延至 2009 年 10 月 15 日。2010 年 10 月 14 日，巴基斯坦国家银行向工商银行天津分行发出付款通知，称该行收到格里布瓦尔公司要求对担保总额为 2,689,741.80 美元、707,600 欧元保函的付款通知，且该公司还依据保函第 2 条（E）条提供了书面证明书，他们请求如下所述：由于天津水泥设计院违反 2004 年 12 月 30 日所签合同的约定，该行参照工商银行天津分行 2008 年 2 月 5 日签发的无条件不可撤销银行保函兑现格里布瓦尔公司的请求。因上述保函于 2009 年 10 月 15 日到期，格里布瓦尔公司重新提交了新的证明书，请求工商银行天津分行立即付款。

原审法院另查明，格里布瓦尔公司于 2008 年 8 月 26 日至 2009 年 4 月 23 日期间，先后签发七个性能考核验收证书，分别证明辅助粉碎系统、生料料仓系统、堆垛和出料系统、1#水泥磨系统、2#水泥磨机系统、煤磨机系统、石灰石破碎系统所有履约测试成功完成。双方庭审中确认只有热处理系统（亦可称烧成系统）没有调试成功，对未能调试成功的原因双方各执一词。

原审法院又查明，2009 年 4 月 1 日，天津水泥设计院与格里布瓦尔公司达成《谅解备忘录》，主要内容为：天津水泥设计院将于 2009 年 4 月 8 日左右访问拉舍尔，并就履约测试、需向天津水泥设计院支付的委托佣金、瑕疵责任及天津水泥设计院违反合同条款的主要事项进行进一步的洽谈，同时对格里布瓦尔公司的违约主张进行独立研究。格里布瓦尔公司同意在收到天津水泥设计院出具新的 5% 银行担保的出单和收据时，降低其持有的天津水泥设计院 10% 的银行担保。新的 5% 银行担保的终止条款规定于合同及其附录中。在完成履约测试和合同及其附录中规定的义务后，即可确定 5% 信用证的瑕疵责任。委托佣金的付款日将在 2009 年 4 月召开的会议中讨论。存在两个财务状况：5% 的银行担保、5% 信用证的瑕疵责任。任何天津水泥设计院主张的权利，如履约测试、违约责任、瑕疵责任等，格里布瓦尔公司有权从索赔总额中扣除 5% 的银行担保及 5% 信用证的瑕疵责任。如果截至 2009 年 4 月 15 日，履约测试所需的压碎机还没有准备好，则视为格里布瓦尔公司已接收该压碎机。原审庭审中双方均认可该《谅解备忘录》并未履行，但就未能履行的原因，均坚持各自主张。

原审法院再查明，天津水泥设计院因上级集团公司内部整合需要，于 2011 年 3 月 4 日注册变更为中材装备公司，中材装备公司承担原天津水泥设计院的债权债务。

天津水泥设计院以格里布瓦尔公司的索款行为构成欺诈为由，向原审法院提起诉讼，请求：（1）确认格里布瓦尔公司在索赔天津水泥设计院在工商银行天津分行开立的编号为 LG121990800021 和 LG121990800041 的保函过程中存在欺诈；（2）判令工商银行天津分行终止向格里布瓦尔公司支付上述保函项下款项 2,689,741.80 美元和 707,600 欧元；（3）诉讼费由格里布瓦尔公司承担。

一审法院认为：

本案为保函欺诈纠纷，属因侵权行为提起的诉讼。本案担保银行及保函项下款项支付地为工商银行天津分行住所地，该住所地应认为是侵权结果发生地，故该院依法具有管辖权。格里布瓦尔公司和工商银行天津分行未提出管辖异议并应诉答辩。

关于本案准据法适用。天津水泥设计院主张本案是侵权纠纷，应适用中华人民共和国法律；格里布瓦尔公司则主张按照保函的约定，应适用新加坡法律。根据《中华人民共和国涉外民事关系法律适用法》第四十四条的规定，侵权责任应适用侵权行为地法律。且涉案保函中关于法律适用的约定，也仅对担保银行工商银行天津分行和受益人格里布瓦尔公司具有约束力，据此本案处理应适用中华人民共和国法律。

关于格里布瓦尔公司提出的天津水泥设计院提交的补充证据超过举证期限问题。经审查，天津水泥设计院提交补充证据，属于《最高人民法院关于民事诉讼证据的若干规定》第四十三条第二款"当事人经人民法院准许延期举证，但因客观原因未能在准许的期限内提供，且不审理该证据可能导致裁判明显不公的，其提供的证据可视为新的证据"规定的情形。故天津水泥设计院在举证期限届满后提交的补充证据，应视为新证据，虽格里布瓦尔公司对该证据提出异议，放弃质证权利，但原审法院经审核认为应予采纳。

本案当事人争议的主要实体问题是，格里布瓦尔公司是否滥用权利对天津水泥设计院履行基础合同的情况进行恶意虚假陈述，从而构成保函欺诈。经查，本案银行保函性质为见索即付银行保函。基于该类保函独立于基础合同的原则，格里布瓦尔公司主张本案不应对基础合同争议进行审理，否则会影响仲裁庭的审查判断。原审法院认为，诚实信用和反欺诈是商业活动应普遍遵守的原则，格里布瓦尔公司提出的维护保函独立性的意见，不能对抗该原则的适用。因此在审理保函欺诈案件中，根据认定侵权责任的需要，应当对基础合同的履行情况进行有限度的审查，以正确判定格里布瓦尔公司有无行使索赔权的正当理由以及索赔声明是否进行了故意虚假陈述，在此限度内的审查与基础合同的仲裁条款并无冲突。

根据本案基础合同的约定，天津水泥设计院负责设计、供货，格里布瓦尔公司进行安装并单车试机，具备一定条件后由天津水泥设计院进行调试，格里布瓦尔公司根据天津水泥设计院的工作进展分期付款。格里布瓦尔公司主张天津水泥设计院没有完成基础设计，但该公司已按约支付该部分款项，且其不能提供证明天津水泥设计院在基础设计阶段违约的证据。

关于天津水泥设计院履行调试义务的事实，根据双方签订的《调试合同》的约定，天津水泥设计院应自收到格里布瓦尔公司支付的 20 万美元信用证起两周内出发，进行调试工作。天津水泥设计院在没有按期收到上述信用证的情况下，仍履行了调试义务。现双方确认共需进行八个车间的调试，已调试完成七个，仅烧成系统尚未完成调试。对烧成系统调试问题，天津水泥设计院主张因格里布瓦尔公司提供的煤存在质量问题影响调试。格里布瓦尔公司主张因天津水泥设计院供货问题影响调试。而根据本案工程的复杂程度，烧成系统调试需要合理的时间，且基础合同也未要求一次成功。在诉讼中，双方提供了大量往来邮件，均证明双方一直在协商解决相关问题。

综上，原审法院认为，根据格里布瓦尔公司提供的证据，不能证明天津水泥设计院违约的事实以及格里布瓦尔公司在基础合同中的正当权益受到损害的事实。因此应认定格里布瓦尔公司的索赔文件，对天津水泥设计院履行合同的情况故意进行了虚假片面的陈述，缺乏行使保函索赔权的正当理由。根据《最高人民法院关于贯彻执行〈中华人民共和国民法通则〉若干问题的意见（试行）》第 68 条的规定，格里布瓦尔公司滥用权利，故意告知工商银行天津分行虚假情况，诱使对方可能错误支付保函款项的行为，直接损害天津水泥设计院的利益，应认定为保函欺诈行为。故格里布瓦尔公司本次索取保函项下款项的行为无效，工商银行天津分行应终止向格里布瓦尔公司支付保函项下的款项。依照《中华人民共和国民法通则》第四条、第五十八条第一款第（三）项，《最高人民法院关于贯彻执行〈中华人民共和国民法通则〉若干问题的意见（试行）》第 68 条，《中华人民共和国涉外民事关系法律适用法》第四十四条及《中华人民共和国民事诉讼法》第二百四十三条的规定，判决：工商银行天津分行终止支付格里布瓦尔公司的委托行巴基斯坦国家银行于 2009 年 10 月 14 日向工商银行天津分行发出 SWIFT 报文请求支付 LGl21990800021 和 LGl21990800041 保函项下的款项 2,689,741.80 美元、707,600 欧元。案件受理费人民币 169,011 元，保全费人民币 5000 元，共计人民币 174,011 元，由格里布瓦尔公司负担。

上诉人诉称：

格里布瓦尔公司不服原审判决，向本院提起上诉，请求撤销原审判决，改判驳回中材装备公司原审诉讼请求。事实及理由：（1）原审判决颠倒举证责任。中材装备公司意图通过主张其已经履行了基础合同义务，从而主张格里布瓦尔公司存在欺诈性表述，故中材装备公司应当举证证明其已经履行了基础合同义务。在中材装备公司未能完成上述义务时，其应当承担败诉的风险。（2）原审判决破坏了保函独立原则。本案保函为见索即付保函，独立于基础合同。原审法院仅以双方对于基础合同的履行存在争议为由，即认为格里布瓦尔公司索兑保函构成欺诈有失公允。（3）原审法院破坏了公平公正原则。因为原审法院终止格里布瓦尔公司本次索兑，格里布瓦尔公司将永远丧失保函所赋予的权利。如果经仲裁裁决最终认定中材装备公司违反了基础合同义务，格里布瓦尔公司将无函可索。

被上诉人辩称：

中材装备公司答辩认为：（1）中材装备公司在原审中所提交的设计图纸交接文件、验收合格证书等证据充分证明已经完全履行基础合同项下的设计和供货义务，且在没有调试义务的情况下为格里布瓦尔公司进行了 14 个月的调试工作。（2）中材装备公司进行调试存在六个先决条件，即格里布瓦尔公司完成安装、发出开车通知、开出信用证、开具 20 万美元调试费信用证、先行支付 5 万美元预付款、提供充分的燃料，在这六项条件满足后才能进行调试，但格里布瓦尔公司没有履行该六项义务。（3）在中材装备公司已经举证证明完成了基础合同义务后，格里布瓦尔公司应该承担证明中材装备公司违约的举证责任。综上，中材装备公司请求驳回上诉，维持原判。

被上诉人辩称：

工商银行天津分行答辩认为，涉案保函的开立程序合法，手续完备，对格里布瓦尔公司索赔的处理符合法律规定，工商银行天津分行不存在过错和过失，不应承担责任。

二审期间，格里布瓦尔公司与中材装备公司就基础合同履行中，关于设计、供货、履约测试等问题补充提交大量证据，因本案对于基础合同的审查原则为有限审查，故本院仅就与本案审理有关，且格里布瓦尔公司与中材装备公司对于真实性均无异议的部分证据进行分析认定。

格里布瓦尔公司于二审期间补充提交如下证据：证据1：合同附件3、合同附件5、土建设计合同附件1；证据2：2006年5月13日至2006年5月19日的会议纪要；证据3：2006年8月28日至2006年9月4日的会议纪要；证据4：2007年3月13日至2007年3月17日的会议纪要；证据5：2006年11月20日至2006年11月24日的会议纪要；证据6：2007年2月5日至2007年2月12日的会议纪要。格里布瓦尔公司提交上述证据意图证明，中材装备公司在履行土建设计和磨煤机设计义务上存在延迟，中材装备公司所供货物存在缺陷，且格里布瓦尔公司已经将上述缺陷告知中材装备公司。

中材装备公司质证认为：对于证据1，中材装备公司完成了土建设计义务，土建设计图纸与详细设计图纸已经一并交予格里布瓦尔公司；中材装备公司于2006年11月28日收到全部土建设计信用证项下的款项；由于格里布瓦尔公司于2006年9月18日才支付预付款，而合同附件5约定自收到预付款时才生效，中材装备公司在收到预付款后按照约定的时间完成了磨煤机的设计义务。对证据2，在此次会议之后，格里布瓦尔公司直到2006年5月29日才将土建设计燃烧器部分所需资料发给中材装备公司，2006年6月底Pillard公司才派人与中材装备公司会谈，导致中材装备公司直到2006年7月才能对燃烧器部分进行土建设计。对证据3，此次会议纪要签署之时，格里布瓦尔公司没有支付磨煤机设计的预付款，其无权要求中材装备公司提供磨煤机设计图纸。对证据4，中材装备公司已经按照约定完成了磨煤机的设计义务。对证据5，该证据不能反映出供货存在缺件，无法证明因缺件造成合同履行延误。对证据6，该会议纪要签署时正处于中材装备公司供货期间，会议纪要中提到的缺件均在之后陆续补齐，中材装备公司不存在违约行为。

工商银行天津分行质证认为：上述证据均为中材装备公司与格里布瓦尔

公司之间关于基础合同履行的证据，对于真实性不发表意见，工商银行天津分行在开立保函过程中程序合法。

本院在综合分析当事人的举证、质证意见后认为，证据 1 仅为双方所签合同附件的内容，不能证明中材装备公司是否存在违约；对证据 2~6，该部分证据仅证明中材装备公司履行设计和供货义务过程中双方的协商情况。

中材装备公司于二审期间补充提交如下证据：证据 1：0401LC932105 号信用证及该信用证项下款项付款单据；证据 2：2006 年 9 月 18 日磨煤机预付款银行转账凭证；证据 3：2007 年 3 月 18 日磨煤机详细设计文件接收单；证据 4：1569040870 号信用证、减额电文及该信用证项下货物收款单据；证据 5：1569051871、0001LC548706、0001LC548806、1LCSGF0001/00609、0401LC13107、112/LS/9327/07 号信用证及信用证项下货物收款单据。中材装备公司提交上述证据意图证明，中材装备公司已完成土建设计和磨煤机设计义务，且已经收到格里布瓦尔公司为供货所申请开立的信用证项下全部款项。

格里布瓦尔公司质证认为：证据 1 不能证明中材装备公司按时履行土建设计义务；证据 2 所证明的格里布瓦尔公司的付款行为并不代表其放弃主张中材装备公司承担违约责任的权利；证据 3 系格里布瓦尔公司当时基于信任中材装备公司签收了该文件，随后发现还有未提交的设计文件，并在之后的会议中提出异议，故该证据无法证明中材装备公司已经提交了全部设计图纸；证据 4~5 虽证明格里布瓦尔公司付款，但该付款行为不代表其放弃主张中材装备公司承担违约责任的权利。

工商银行天津分行质证认为，上述证据均为中材装备公司与格里布瓦尔公司之间关于基础合同履行的证据，对于真实性不发表意见，工商银行天津分行在开立保函过程中程序合法。

本院在综合分析当事人的举证、质证意见后认为，证据 1 证明中材装备公司已经收到土建设计费用；证据 2 证明中材装备公司收到磨煤机设计预付款；证据 3 证明中材装备公司提交了磨煤机详细设计文件；证据 4~5 证明中材装备公司已经按照信用证的交单要求提供货物，并取得了信用证项下的款项。

工商银行天津分行在二审期间未补充提交证据。

本院经审理查明：

天津水泥设计院要向格里布瓦尔公司申请颁发预验收证书；双方庭审中确认只有热处理系统（亦可称烧成系统）履约测试未能完成，对未能完成的原因双方各执一词；2009年10月14日，巴基斯坦国家银行向工商银行天津分行发出付款通知；由于格里布瓦尔公司的过失在2008年3月15日之前未能开出信用证或银行保函，银行保函金额将减至合同价格的5%。原审法院对于上述事实查证有误，本院予以纠正。原审法院查明的其他事实无误，本院予以确认。

本院另查明，关于工程设计问题。基础合同规定，工程设计费的80%依照格里布瓦尔公司出具的确认工程设计工作完成证明（不包括竣工图）以即期信用证议付，中材装备公司要提供格里布瓦尔公司全套工程设计和文件（不包括土建设计），合同生效3日内，格里布瓦尔公司要提供中材装备公司基本资料，供其进行基本设计，中材装备公司在合同生效且收到格里布瓦尔公司提供的基本技术资料1个月内完成基本设计。土建合同规定，中材装备公司应按中国标准承担格里布瓦尔公司有关工厂土建工程设计的全部责任和义务，合同价格为350,000美元，本合同项下的全部支付应由中国银行开出的不可撤销的、可分割的、无追索的信用证以美元形式支付，图纸迟交每满一周，罚相关迟交图纸价值1%，最高10%以下的款额。

中材装备公司与格里布瓦尔公司于2005年7月21日签订合同附件3，双方约定将基础合同13.6条变更为：格里布瓦尔公司批准基本设计之后应在2005年8月5日前向中材装备公司提供地质调查资料并开出土建设计合同的信用证。收到土建设计信用证及地质调查资料后，中材装备公司将按2005年4月2日签订的合同附件B"土建工程设计"之规定，在45天至8个月之间开始提供用于土建设计的区域开挖土建工程设计图。发出相关区域开挖土建工程设计图2个月内，中材装备公司还将提供详细的区域开挖工程设计。双方在该合同附件 3 中补充约定部分条款，其中（ii）条规定，与合同有效期有关／相关的所有时间期限／周期（第 5.2.1 款规定的以及补充条款提及的预付款除外）可延长 5 个月。

中材装备公司与格里布瓦尔公司于 2006 年 5 月签订的合同附件 5 规定，格里布瓦尔公司授权并且中材装备公司也同意对磨煤机提供工程设计（包括土建、工艺、机械、电气及仪表）及供货，中材装备公司将在该附件生效后 3 个月之内提供煤磨的桩基图纸，在附件生效后 5 个月之内完成所有工程设计，在该附件生效后 5 个月内提供煤磨的分交图纸，该附件从中材装备公司收到预付款之日起开始生效。

2005 年 8 月 27 日，格里布瓦尔公司根据土建合同及合同附件 3 的约定，申请开立受益人为中材装备公司的土建设计信用证，信用证号 0401LC932105，金额 350,000 美元。格里布瓦尔公司于 2006 年 9 月 1 日向中材装备公司出具详细设计交付收据，中材装备公司于 2006 年 11 月 28 日收到上述信用证项下的款项。2006 年 9 月 18 日，中材装备公司收到合同附件 5 中约定的磨煤机预付款 527,061 美元，格里布瓦尔公司于 2007 年 3 月 18 日签收磨煤机详细设计文件接收单。

关于供货问题。基础合同规定，中材装备公司应当提供产品，从而使格里布瓦尔公司能够安装设备并以最佳的状态将其投入运营，中材装备公司按照工期以 FOB（船上交货）（INCOTERMS2000）条款交货，如果工厂在瑕疵担保期内未能达到合同规定的要求，中材装备公司负责并有义务尽快修复缺陷或是提供新设备／部件等用于更换修复，该部分修复费用，包括空运费、关税等由中材装备公司承担。如果在运输、安装、搬运过程中发生损坏或丢失，中材装备公司有义务按照原合同的价值（FOB）提供替代件，该部分费用由格里布瓦尔公司承担。如果发生中材装备公司短装，中材装备公司要负责在尽可能短的时间内发运短装部件并自行承担费用。75% 美元部分设备款价格和 80% 欧元部分设备款价格的信用证见下列单据按比例在信用证下议付：1 份正本 4 份不可转让的清洁提单副本、原产地证明、装箱单一式 6 份、商业发票一式 6 份及其他巴基斯坦海关规定需要的文件。格里布瓦尔公司负责合同项下整个项目设备在卡拉奇港的收货和卸货工作，但在格里布瓦尔公司收货和卸货以及验货的同时，要有中材装备公司的代表在卡拉奇港或工程现场与格里布瓦尔公司一起检查是否有短装或破损，双方联合准备的报告要提交给格里布瓦尔公司和中材装备公司。

2006 年 1 月 28 日至 2007 年 3 月 27 日，格里布瓦尔公司陆续就设备供应为中材装备公司开具信用证。中材装备公司确认已实际收到上述信用证项下的设备款项。

本院认为：

本案为保函欺诈纠纷，争议焦点为格里布瓦尔公司向工商银行天津分行要求支付涉案保函项下款项时，是否存在欺诈性索款的情形。

关于涉案保函的定性。《中华人民共和国涉外民事关系法律适用法》第八条规定："涉外民事关系的定性，适用法院地法。"据此，对涉案保函性质的判定，应适用中华人民共和国法律。因我国法律并没有关于独立保函定性的明确规定，故判断涉案保函是否属于独立保函应根据保函本身的约定。涉案保函明确约定担保行工商银行天津分行在收到受益人格里布瓦尔公司出具的索赔请求即无条件履行付款义务，即使中材装备公司与格里布瓦尔公司之间存在争议，且该保函受国际商会《见索即付保函统一规则》约束。根据上述约定可以认定，担保行工商银行天津分行在保函中具有明确承担独立保证的意思表示，故涉案保函应认定为见索即付独立保函。同时格里布瓦尔公司系在巴基斯坦注册成立的公司，该保函具有涉外因素，因此涉案保函属于涉外独立保函。

关于本案纠纷的定性及法律适用。涉案保函的主体为保函的担保行工商银行天津分行和受益人格里布瓦尔公司，虽然该保函中约定适用新加坡法律，但上述约定仅系工商银行天津分行与格里布瓦尔公司之间就解决保函争议所适用法律形成的合意，而中材装备公司并非该保函的一方主体，故上述法律适用的约定对中材装备公司不具有约束力。本案中，中材装备公司系以格里布瓦尔公司在索兑保函项下款项过程中存在欺诈情形为由提起的诉讼，属于侵权之诉，根据《中华人民共和国涉外民事关系法律适用法》第四十四条的规定，侵权行为适用侵权行为地法律，本案应适用中华人民共和国法律。

关于本案的审查方式。涉案保函的独立性决定了其独立于基础合同，并不受基础合同项下双方存在争议的影响，格里布瓦尔公司提供保函规定的单据，即推定其已经提供了中材装备公司存在基础合同项下违约事实的有效证明，工商银行天津分行在此情况下应及时履行保函约定的付款义务。但是诚实信用作为各国在国际商事交易中均应普遍遵守的原则，在保函欺诈纠纷案件中也应予以适用。根据这一原则，欺诈应是独立保函独立性的唯一例外。就本案而言，在审查格里布瓦尔公司是否存在欺诈性索款的情形时，法院有权也有必要对于中材装备公司和格里布瓦尔公司之间的基础合同履行情况进行有限度的审查。故格里布瓦尔公司关于基础合同约定争议提交迪拜仲裁，法院不应审查基础合同之主张，本院不予支持。

关于本案的举证责任分配。《最高人民法院关于贯彻执行〈中华人民共和国民法通则〉若干问题的意见（试行）》第68条规定，一方当事人故意告知对方虚假情况，或者故意隐瞒真实情况，诱使对方当事人做出错误意思表示的，可以认定为欺诈行为。本案中，中材装备公司认为格里布瓦尔公司存在欺诈性索款之情形，其应对该项主张承担举证责任，即证明确已完全履行了基础合同项下的义务，进而证明格里布瓦尔公司无权索兑保函项下的款项，其索款行为属于故意告知工商银行天津分行虚假情况，诱使工商银行天津分行支付保函项下款项。《最高人民法院关于民事诉讼证据的若干规定》第二条规定，当事人对自己提出的诉讼请求所依据的事实或者反驳对方诉讼请求所依据的事实有责任提供证据加以证明。格里布瓦尔公司就中材装备公司已履行基础合同项下义务的抗辩，亦应承担相应的举证责任。法院综合当事人举证和质证意见，判断中材装备公司是否已经清楚、明确地证明自身已切实履行了基础合同的义务，而格里布瓦尔公司是否进行欺诈性索款。原审法院关于本案举证责任的分配有误，本院予以纠正。

关于本案的审查范围。根据涉案保函的约定，在保函有效期内工商银行天津分行收到格里布瓦尔公司发出任何指明中材装备公司未能履行协议项下义务的索赔请求后15天内，应在保函总金额范围内支付赔款。本案事实表明，格里布瓦尔公司在保函有效期内即2008年5月29日通过巴基斯坦国家银行向工商银行天津分行索兑保函项下款项。虽然自前述索款行为发生后的一段期间内，工商银行天津分行基于巴基斯坦国家银行向其所发，引用格里布瓦尔公司向中材装备公司发出延迟付款请求的电文，将涉案保函的付款期限多次延展，直至本案成讼前的2009年10月14日格里布瓦尔公司发出最后一次付款请求，但保函付款期限延展不能等同于双方就保函有效期延展达成一致。在涉案保函有效期未作变更的情况下，本院认定格里布瓦尔公司索款时间为2008年5月29日。结合本院上述关于对基础合同进行有限审查的认定，本案应审查格里布瓦尔公司在2008年5月29日的索款声明中所作的中材装备公司存在违约行为的陈述是否虚假，即2008年5月29日之前，中材装备公司是否已经履行基础合同项下的义务。

根据基础合同及相关补充协议的约定，中材装备公司的主要义务为设计、供货和履约测试。虽原审法院就中材装备公司履行上述义务的情况进行审查，但根据本院关于涉案基础合同审查范围的认定，本案应审查2008年5月29日之前中材装备公司基础合同项下义务的履行情况。结合本案事实，中材装备公司的设计和供货义务应在2008年5月29日之前履行完毕，因此上述义务的履行情况属于本案的审查范围。关于履约测试义务是否属于本案审查范围的问题，根据中材装备公司与格里布瓦尔公司签订《调试合同》的时间为2007年8月30日，以及格里布瓦尔公司出具第一份性能考核验收证书的时间为2008年8月26日之事实，本院认定在2008年5月29日之前，双方仍处于履约测试阶段，对于该项义务的履行情况尚无定论，中材装备公司履约测试义务的履行情况并非本案应审查的内容。原审法院关于本案审查范围的认定欠妥，本院予以纠正。

关于设计义务的履行。根据基础合同及此后双方签订的土建设计合同、合同附件 3、合同附件 5，中材装备公司有义务提供全套工程设计和文件，其中包括土建设计及磨煤机工程设计。中材装备公司依据格里布瓦尔公司于 2006 年 9 月 1 日签收的详细设计交付收据，主张其已经完成了合同项下的设计义务。对此，本院认为，根据基础合同及合同附件 3 关于工程设计流程的约定，中材装备公司应首先进行基本设计，在格里布瓦尔公司确认基本设计后，中材装备公司完成详细设计。通过上述流程可以认定，详细设计图纸的交接是以格里布瓦尔公司确认基本设计为基础，因此，格里布瓦尔公司签收详细设计文件的事实可以证明中材装备公司已经完成了合同项下的基本设计和详细设计。

格里布瓦尔公司抗辩认为，中材装备公司未能按照合同附件 3 及合同附件 5 的规定按期完成土建设计和磨煤机设计义务，故其存在违约行为。对此，中材装备公司提供土建设计信用证及该信用证项下收款的单据，2007 年 3 月 18 日磨煤机详细设计文件接收单以及收到磨煤机设计及供货款项的单据。关于土建设计是否存在延期的问题，本院认为，根据合同附件 3 的规定，中材装备公司收到土建设计信用证及地质调查资料后，应在 45 天至 8 个月之间开始提供土建工程设计图，2 个月后提供详细的区域开挖工程设计。鉴于格里布瓦尔公司申请开立土建设计信用证的时间为 2005 年 8 月 27 日，根据上述关于工程设计期限的约定，中材装备公司最迟应于该日期后的 10 个月内即 2006 年 6 月 27 日前完成土建工程设计。中材装备公司在 2006 年 9 月 1 日交付详细设计文件，该文件中应包括土建设计的详细设计，且中材装备公司提交的 2006 年 11 月 28 日的收款凭证显示其已经收到了 0401LC932105 号信用证项下的土建设计费 348,869 美元，中材装备公司收取信用证项下款项的事实证明其所提交的单据符合信用证项下关于土建设计文件的交单要求，进而证实中材装备公司已经履行了土建设计义务，故，本院认定中材装备公司完成土建设计义务的时间为 2006 年 9 月 1 日。因双方在合同附件 3 中约定"与合同有效期有关／相关的所有时间期限／周期（预付款除外）可延长 5 个月"，据此，中材装备公司完成该项工程设计义务并不违反合同约定。关于磨煤机设计是否存在延期的问题，根据合同附件 5 的规定，中材装备公司应在该附件生效后 3 个月内提供煤磨的桩基图纸，在附件生效后 5 个月内完成所有工程设计并提供煤磨的分交图纸。虽然该附件的签约时间为 2006 年 5 月，但根据双方关于"中材装备公司收到预付款之日起开始生效"之约定，及中材装备公司于 2006 年 9 月 18 日收到预付款之事实，该附件于 2006 年 9 月 18 日开始生效，中材装备公司应于 2007 年 2 月 18 日前完成该项工程设计并提供煤磨的分交图纸。尽管格里布瓦尔公司于 2007 年 3 月 18 日签收磨煤机详细设计接收单，但根据双方在合同附件 3 中做出的"与合同有效期有关 / 相关的所有时间期限 / 周期（预付款除外）可延长 5 个月"之约定，中材装备公司如约完成了磨煤机设计义务，其并不存在违约行为。

综上，中材装备公司所提交的证据足以证明其依约完成了工程设计义务，不存在违约行为。

关于供货义务的履行。中材装备公司根据其收取了格里布瓦尔公司就设备供应所开具的信用证项下全部款项之事实，主张其已经完成了供货义务。对此，本院认为，根据双方的约定，75% 美元部分设备款和 80% 欧元部分设备款的信用证，见中材装备公司提供相关单据后按比例在信用证下议付，故中材装备公司在提交提单、装箱单等相关单据后，方可议付信用证项下的设备款项。本案事实表明，中材装备公司已经收到信用证项下的货款，该事实可以证明中材装备公司已经履行了其在基础合同项下的供货义务。

格里布瓦尔公司抗辩认为，根据基础合同第 25 条的规定，其付款行为并不代表其放弃了对于中材装备公司违约责任的追索权，同时提出，在 2007 年 2 月 5 日至 2 月 12 日的会议纪要中双方确认格里布瓦尔公司已经将缺件清单交给中材装备公司，而且在 2009 年 4 月 1 日双方签署的《谅解备忘录》中提及已向中材装备公司提交未履约清单，因此中材装备公司未能完成基础合同项下的供货义务。对此，本院认为，根据基础合同的约定，格里布瓦尔公司负责在卡拉奇港的收货和卸货工作，在卡拉奇港或工程现场如发现短装或破损，应以双方联合准备的报告之形式提出。但本案中，并无双方就货物短装或破损形成的报告，虽然在 2007 年 2 月 5 日至 2 月 12 日的会议纪要中提及格里布瓦尔公司已经将缺件清单交给中材装备公司，但双方签署该会议纪要时中材装备公司仍在履行供货义务过程中，而且根据双方的约定，中材装备公司在合同履行过程中乃至瑕疵担保期内，对于短装或缺陷部件有采取补救措施之义务，只有当其未依约履行供货义务并拒绝采取补救措施进而导致设备不能安装或不能投入运营，中材装备公司的供货行为方构成违约。格里布瓦尔公司索兑保函项下款项时，设备已经安装完毕并处于履约测试阶段，该事实可以证明中材装备公司在供货问题上不存在足以导致格里布瓦尔公司索兑保函项下款项的违约行为。因此，格里布瓦尔公司的抗辩不能成立。

综上所述，中材装备公司在 2008 年 5 月 29 日之前已经完全履行了基础合同项下及双方所签订附件中约定的设计和供货义务，格里布瓦尔公司的抗辩并不能成立，故，原审法院关于格里布瓦尔公司在索兑涉案保函项下款项时存在欺诈性索款情形的认定，并无不当。格里布瓦尔公司提出的上诉主张不能成立，本院不予支持。依照《中华人民共和国民事诉讼法》第一百七十条第一款第（一）项之规定，判决如下：驳回上诉，维持原判。二审案件受理费人民币 169,011 元，由上诉人格里布瓦尔水泥有限公司负担。本判决为终审判决。

8. 格里布瓦尔水泥有限公司与中材装备集团有限公司、中国工商银行股份有限公司天津分行保函欺诈纠纷

[裁判评析]

本案中，当事人在合同履行过程中及瑕疵担保期内，约定对于短装或缺陷部件有采取补救措施的义务，只有中材装备公司未供货并拒绝采取补救措施，致使设备不能安装或运营时，中材装备公司方构成违约。因此虽然设备没有全部完成测试（但一直处于履约测试阶段），中材装备公司并不当然违约。

由于我国企业在走出去时多为工程的施工建设方，因此经常面临外国业主以违约为由的索赔风险。本案则就此给出了教科书般规避前述风险的方法，即严格依照合同的约定，认真履行合同中的每一项义务，并保留相关证据。否则一旦任一环节与合同约定不符的，都有可能构成违约，如此将面临外国业主索赔的风险。

本案另一经验是，对于履约测试，合同当事人未约定一次性测试成功。因此，当出现测试不成功时施工建设单位不会即刻构成违约，而是依然有履行合同的余地。

[中华人民共和国最高人民法院（2014）民申字第 954 号民事裁定书]

再审申请人请求：

请求撤销二审判决，认定该公司在索兑保函项下款项时不存在欺诈情形，其理由是：二审法院认定的"2008 年 5 月 29 日之前，双方仍处于履约测试阶段，对于该项义务的履行情况尚无定论，故中材装备公司履约测试义务的履行情况并非本案应审查的内容"这一事实缺乏证据证明。

第三人陈述称：

该行开立和索赔的处理程序合法，不存在任何过失，另两方当事人均未

提出过异议。本案争议的焦点是格里布瓦尔公司与中材装备公司之间在主合同履行过程中是否存在违约，而不在保函本身，该行不应承担任何责任。

法院认为：

格里布瓦尔公司提出的申请再审的理由不能成立。首先，有证据证明，2008 年 5 月 29 日之前，双方在合同履行方面确实仍处于履约测试阶段。2008 年 5 月 29 日是再审申请人委托巴基斯坦国家银行向工商银行天津分行请求支付保函款项的日期，此后，格里布瓦尔公司没有请求付款，而是请求将银行保函的索兑日期延长。需要进行测试的车间共有八个，格里布瓦尔公司出具的第一份性能考核验收证书的时间是 2008 年 8 月 26 日，其他六份性能考核验收证书均在此后陆续出具，直至 2009 年 4 月 23 日。只有热处理系统的测试没有成功。对此格里布瓦尔公司和中材装备公司在本案审理过程中已予确认。这充分说明，从 2007 年 8 月 30 日订立《调试合同》到 2008 年 5 月 29 日之前，合同双方仍在进行履约测试。

其次，有证据证明，设备测试的履行情况尚无定论。对热处理系统测试未成功的原因，双方各执一词。天津水泥设计院称是由于煤的质量问题导致，格里布瓦尔公司称系因供货问题导致，双方一直在协商之中。关于供货，格里布瓦尔公司和中材装备公司没有就货物短装或破损按照合同约定形成过联合报告。双方约定，在合同履行过程中及瑕疵担保期内，对于短装或缺陷部件有采取补救措施的义务，只有中材装备公司未供货并拒绝采取补救措施，致使设备不能安装或运营时，中材装备公司方构成违约。由于设备已经安装完毕并进行履约试，故二审判决认定中材装备公司在供货问题上不存在违约行为是正确的。再审申请人虽对二审判决认定的事实提出异议，但并没有举证证明双方在履约测试问题上有何定论。

再次，格里布瓦尔公司在索款声明中陈述，中材装备公司存在违约行为。但本案事实表明，中材装备公司在索兑保函项下没有违约行为。对于履约测试，合同当事人未约定一次性测试成功。格里布瓦尔公司的索款时间是 2008

年 5 月 29 日，当时履约测试正在进行当中。在此之后，格里布瓦尔公司还针对测试陆续出具了六份性能考核验收证书，故原审判决认为履约测试义务的履行情况并非本案审查内容，有事实依据。综上，格里布瓦尔公司的再审申请不符合《中华人民共和国民事诉讼法》第二百条规定的情形。本院依照《中华人民共和国民事诉讼法》第二百零四条第一款的规定，裁定如下：

裁判结果：

驳回格里布瓦尔水泥有限公司的再审申请。

9. 沈阳矿山机械（集团）进出口司与印度电热公司、第三人中信银行股份有限公司沈阳分行保函欺诈纠纷

[裁判评析]

凡属于保函欺诈纠纷的，法院在审理时多会要求对基础合同履行的实际情况进行审查，以此判断索赔陈述是否构成保函欺诈。在实务中，判断构成保函欺诈的实质标准即为保函申请人是否履行了合同项下的义务。

本案中，受益人认为申请人没有交付相关资料从而构成违约，但法院认为该资料的交付并未在合同中约定，因此即便申请人为交付该相关资料，也不应视为违约。

在保函纠纷中，判断一方履行义务与否，应完全依据保函的规定。因此在实务中，开具保函时双方应对其所要求的义务进行充分的讨论，以避免就义务之履行与否产生纠纷。

[辽宁省沈阳市中级人民法院 (2005) 沈中民四外初字第 34 号民事判决书]

原告诉称：

为履行原、被告之间签订的《销售合同》，原告作为申请人向第三人申请开立以被告为受益人的，金额为 237,500.00 美元的保函一份。2005 年 4 月 21 日，第三人根据原告的申请开出以被告为受益人的编号 11000LG0500001，金额为 237,500.00 美元的保函一份。该保函约定：在第三人收到被告告知第三人原告违反了《销售合同》项下义务时，第三人即在 7 个工作日内向被告支付保函款项。并且该保函声明适用国际商会 458 号出版物，即《见索即付保函统一规则》（英文简称 URDG458）。2005 年 11 月 16 日，被告以原告违反了《销售合同》项下义务为由，委托印度银行向第三人索款，即要求第三人支付 11000LG0500001 号保函项下的款项 237,500.00 美元。关于本案适用法律，根据《见索即付保函统一规则》第 27 条之规定，本案件应当适用担保人营业所

在地的法律即中国法律。

关于本案的管辖法院，根据《见索即付保函统一规则》第28条规定，由开出保函的担保人营业所在地国家或者开出保函的分支机构所在地国家有管辖权的法院行使管辖权。本案中开立保函的申请人，开立保函的担保人均在沈阳市，并且，沈阳市也是本案纠纷的最密切联系地，无论是根据保函当事各方约定适用的《见索即付保函统一规则》之规定还是根据中国法律关于涉外民商事案件管辖权的相关规定，沈阳市中级人民法院均对本案享有管辖权。原告认为，在原告事实上不存在任何违反《销售合同》的情况下，被告捏造虚假事实，故意向第三人做出虚假陈述，谎称原告违约，试图骗取第三人向其支付11000LG0500001号保函项下的款项。同时，《技术合作协议书》是独立于《销售合同》的新合同，不是本案独立保函的基础合同。而根据《见索即付保函统一规则》第三条的规定，《销售合同》是本案保函明确的、唯一的基础交易，被告试图将基础交易之外的其他交易如《技术合作协议书》产生的争议纳入保函担保范围并试图索款的做法严重违反《见索即付保函统一规则》的规定。原告认为，根据最高人民法院《关于贯彻执行〈中华人民共和国民法通则〉若干问题的意见（试行）》第68条规定："一方当事人故意告知对方虚假情况，或者故意隐瞒真实情况，诱使对方当事人做出错误表示的，可以认定为欺诈行为。"被告为获取保函项下款项而故意虚假陈述之行为已构成保函欺诈。根据《民法通则》第4条、第58条，以及上述最高法院的司法解释，并参照《见索即付保函统一规则》之规定，被告欺诈行为不应受到法律保护，被告保函欺诈索款行为和相关责任也不应因保函独立性原则而得到免除或者豁免，其将保函担保范围之外的交易争议作为保函项下索款缘由的行为不应得到法律的支持。为维护原告的合法权益，特起诉至法院，请求：1.确认被告在原告申请开立的编号为11000LG0500001号保函项下索款过程中存在欺诈。2.请求判决第三人终止向被告支付11000LG0500001号保函项下款项。3.请求判决诉讼费用由被告承担。

被告辩称：

（1）原告的诉讼违反了法律程序。按照《最高人民法院关于〈担保法〉解释》第 129 条规定，应根据主合同确定案件的管辖，在原告与被告之间签订的销售合同中第 15 条规定得很清楚，有关合同执行的一切争议应根据友好协商方法解决，不能解决应提交中国国际贸易促进委员会按有关仲裁程序进行仲裁。因此，本案应提交中国国际贸易促进委员会进行仲裁。既然是应提交中国国际贸易促进委员会，本案是否形成欺诈，是否应终止第三人向被告支付款项应由双方规定的仲裁委员会来做出决定，原告不应向沈阳市中级人民法院提诉讼。（2）本案根本不存在着任何的欺诈行为，因为根据双方签订的《销售合同》第二页第三自然段规定得很清楚，即"卖方在签订合同两个月内……"原告在二个月内承担提供相关图纸的义务。但在本案中原告一直未能提供相应的图纸，这一点原告自己提供的证据已经证明。任何的欺诈合同应有虚假情况，在被告支付了 20 余万美元后，被告何来欺骗之说，对于此点，原告也不应否定被告将 20 余万美元支给原告，但原告未能完成合同项下约定的义务，按双方在销售合同中所规定的，被告有权根据保证合同要求原告返还保证金。

本院查明：

被告为组建回转窑链箅机系统，于 2005 年 4 月 3 日与原告签订了被告购买原告 2.8×36 米链箅机、2.5×6 米混合机、2.4×16 米干燥机、6 米盘式造球机、带辊子筛的布料机、40 ㎡环冷机 6 个单机的 SKWZ2005-15《销售合同》，合同总价款为 2,375,000 美元。该合同约定：原告作为卖方，在签订合同 5 天至 7 天内提供各种设备的详细规格和工作参数、重量和尺寸；在签订合同两个月内，原告用特快专递以软盘和图纸的方式向被告提供装配图，总布置图，含载荷据的地基图，电气／土建要求；合同签订一周内，原告向被告开出以被告受益人的合同总额 10% 的银行保函，以保证被告向原告支付预付款。被告出具银行保函的格式，交货结束后银行保函失效。在收到原告开

出的银行保函之后 7 天内，被告向原告支付合同总额 10%（即 237,500 美元）
的预付款；合同签订后两个月内，被告向原告出具以原告为受益人的不可撤销即
期信用证，被告指定的银行应由原告接受。信用证金额为合同总额的 90%（即
2137,500 美元）；交货期为合同生效后 225 天内；《销售合同》第十五条规定：
凡执行合同所发生的一切争议如协商不能解决，则将分歧提交中国国际贸易
促进委员会按有关仲裁程序进行仲裁。英文部分内容为：凡有关执行合同所
发生的一切争议应通过第 13 条所述的友好协商方法解决，如协商不能解决，
则将案件提交英国伦敦的 ICC（国际商会）进行仲裁（原文为：All disputes
in connection with the execution of this Contract shall be settled through friendly
negotiation, according to Item 13. In Case no settlement can be reached, the case
may then be submitted for arbitration to ICC (International Chambers of Commerce)
at London, UK. ）。《销售合同》的被告签订人为 MUKESH BHANDARI。

原告依照《销售合同》约定，向第三人申请开立合司总价款的 10%
为额度的预付款保函。第三人于 2005 年 4 月 20 日，向被告开出编号为
11000LG0500001 号保函一份，受益人为被告，金额为 237,500.00 美元；第三
人在保函中承诺承担如下不可撤销的义务：在首次收到被告索赔函起七个银
行工作日内，第三人向被告支付一笔或多笔总额不超过 237,500 美元的款项；
索赔函上需注明申请人已违反合同项下义务；保函有效期至 2005 年 11 月 18
日。保函索款请求应于 2005 年 12 月 3 日前交至第三人；保函依据国际商会
《见索即付保函统一规则》（第 458 号出版物）开立。2005 年 5 月 9 日，被告
汇付给原告《销售合同》项下总价款的 10% 预付款 237,500 美元。

原告收到预付款后，分别向被告提交《销售合同》项下 6 个单机设备相
关图纸及资料，事实如下：

2005 年 5 月 26 日 19:27 时：被告向原告发出电文，内容为：被告已经
收到了原告单位人员发送的布料器系统图纸，在查阅了包括环冷机、干燥机
和链箅机在内的所有图纸后，希望原告提供下述详细资料。其中干燥机:（1）
进料器流槽布置图;（2）进料器端法兰明细图;（3）进料端烧嘴布置图;（4）

变速驱动明细;(5)卸料明细图;(6)轴承明细,以及制造详细资料,首选SDP、FAG轴承。混料机:没有收到混料机的图纸,请提供所有相关图纸。圆盘造球机:没有收到圆盘造球机的图纸,请提供所有相关图纸。布料器系统:(1)我们希望将超过标准尺寸和未达到标准尺寸的球团破碎、混合然后输入圆盘造球机的进料端。你们的图纸只显示了对超过标准尺寸球团的破碎。我们建议,要么提供超过标准尺寸球团和未达到标准尺寸球团各自独立的破碎机,要么提供更大的粉碎机,将超标准尺寸球团和未达到标准尺寸球团一起破碎;(2)如图所示,第二辊筛中的每个辊子都是由两个马达在驱动,而规格书规定每个辊子只应由一个马达驱动,即42只辊子配42个马达。

2005年6月6日,原告与被告之间往来电子邮件如下:下午3:55原告发给被告,主题:图纸。内容为:已通过电子邮件将所有图纸发送给被告。现将这些图纸再发一遍,还会把图纸做成CD,明天邮寄给被告。

20:29时,被告发给原告电子邮件。内容为:请立即以邮件正文的形式向原告详细说明全部图纸的清单。

21:58时,原告给被告发出电子邮件,主题是ET-造球装置。主要内容为:在今天收到的10份图纸中,有8份是原有的英文版图纸,只有2份是滚筒式混合机的新图纸;尚未收到:a.盘式造球机的装配图和基础图;b.附带在链箅机上安装明细的卸料槽装配图;c.下列设备的送料端及卸料端图纸,(1)链箅机;(2)环冷机;盘式造球机。尚有盘式造球机的装置图和基础图、附带在链箅机上安装明细的卸料端图纸等相关部分图纸,并请求原告在6月8日前把图纸交付被告。

6月8日上午11:50,原告给被告发出电子邮件,主要内容为:昨晚已将盘式造球机的草图发给被告,以及关于槽道和机架的图纸问题。并定于6月14日在山东济南与设计机构等召开技术交底会。

22:26时,被告给原告回复电子邮件,内容为:6月14日济南的会议被告将到会。

各方为组建回转窑链箅机系统签订《技术合作协议书》。原告请求被告开立信用证。被告请求原告保函延期和请求第三人支付保函项下款。事实如下：

2005 年 6 月 17 日，天津市易禾进出口贸易有限公司（买方）、济南瑞拓球团技术工程有限公司（卖方）和原告（合同第三方，也是主要设备供货方）签署了《技术合作协议书》。协议书上表明：由卖方即济南瑞拓公司向被告提供链箅机回转窑球团场设计方案和图纸，原告为主要设备供货方。协议主要内容为：协议三方就 60 万吨 / 年链箅机回转窑球团厂设计有关问题进行认真的探讨并达成协议，买卖双方约定由济南瑞拓球团技术工程有限公司提供年产 60 万吨 / 年链箅机回转窑球团厂设计方案，并在 20 天内完成项目初步设计，向天津市易禾进出口贸易有限公司提供初步设计资料 10 套；原告在该《技术合同协议书》中主要是督促、协调、配合的义务；该《技术合作协议书》的天津市易禾进出口贸易有限公司（买方）代表为辛悦和 MUKESH BHANDARI，第三人代表签字为杨子江和林鹏。

2005 年 6 月 28 日，被告人员 Mukesh Bhandari 给原告发出电文。相关内容为："关于信用证的问题，我已经先后与我方的董事及我方的银行进行了讨论。基于讨论结果，我方不得不告知你方，除非我方收到设计机构出具的基本的、初步的技术规格说明书，我方将不会开立信用证。这主要是因为我方银行声明，银行开立信用证后将不会接受技术规格说明书中的任何改动。任何对技术规格说明书进行的细微修改都可能导致必须开立新信用证。希望你方能够理解我方需要遵守的银行程序。但我方可以保证，一旦我方收到设计机构出具的基本的、初步的技术规格说明书（希望能在 2005 年 7 月 7 日底前完成），我方将能够尽快开立信用证。"该电子邮件当中所称"设计机构"为济南瑞拓公司。

2005 年 10 月 9 日下午 3:21 时，原告给被告单位人员 Mukesh Bhandari 发出电子邮件。主要内容："很长时间没有贵方的消息，我方非常关注项目的进展情况。我方和我方的转包商已经为贵我双方合同项下的机器购买了一些相关设备，如发动机、减压器等。但直到现在我方仍未收到贵方的信用证，我方不知道当前应做些什么。预付款保函将很快过期，我方想知道贵方是否有关于项目的任何计划，我们将尽最大的努力来协助贵方完成项目。"同日，被告于下午 8:42 时，回复原告发出电子邮件。内容为："在此想告知，基于我们与设计单位的讨论，带有 / 不带有润滑机的干燥机规格已经过修改，但 SK（沈阳矿山机械进出口公司）已延迟交付该等经过修改后的干燥机。同时，由于我方一些原因。我们无法在项目中取得很大的进展。设计单位曾提出原定的干燥机达不到自铁矿砂中去除 10% 水分的要求，设计单位提供了两个替代方案，即要么提高原定干燥机的干燥能力，要么除提供原定干燥机外再额外提供 DAMP GRINDING MILL。我们一直在等待接收来自贵方的这些改变，已等待很长时间。因为此等延迟，我们要求贵方同意延长预付款保函的有效期自 2005 年 11 月 18 日至 2006 年 3 月 18 日，同时，我们还要求贵方提供我方与造球机、链篦机和环冷机能力相符之干燥机和润磨机的详细资料。我方将在上述要求得以实现后尽快开立信用证。"

2005 年 10 月 12 日上午，原告发给被告 Mukesh Bhandari 先生电子邮件。主要内容为："由于这是一个庞大而复杂的项目，我们能够理解贵司的谨慎考虑。鉴于贵我双方友好之合作关系，我们可以考虑延长预付款保函的有效期。目前由于设计单位已经参与到此项目中，所有与类型、规格相关的事宜全部由山东 RT 负责。我们将按照山东 RT 设计的类型、规格提供设备。请与设计单位联系以加快推进项目进程。"

2005 年 10 月 29 日下午，被告给原告发出电子邮件，内容为："我们仍未听到任何关于预付款保函延期的确认，请回复。"

2005 年 11 月 7 日，被告给原告发出函件。内容为："由于贵方未能履行2005 年 4 月 3 日 SKWZ2005-15 号合同项下贵方应履行之义务，我方兹解除该合同项下我方义务并要求付现该银行保函。"

2005 年 11 月 8 日，印度银行—孟买国际部发给原告《关于：11000LG0500001 号银行保函》。主要内容为：原告违反了 2005 年 4 月 3 日SKWZ2005-15 号合同项下约定义务。要求原告通知银行支付 237,500 美元。

2005 年 11 月 16 日，被告委托印度银行向第三人发出索偿。

11000LG0500001 号保函项下款项的电文，被告请求第三人支付保函项下的预付款 237,500 美元。理由为"申请人（原告）违反了合同义务"。

原告于 2005 年 11 月 17 日即刻向本院提起诉讼，请求：1.确认被告在原告申请开立的编号为 11000LG0500001 号保函项下索款过程中存在欺诈。2.请求判决第三人终止向被告支付 11000LG0500001 号保函项下款项。3.请求判决诉讼费用由被告承担。

2006 年 3 月 10 日，天津市易禾进出口贸易有限公司发给原告电子函件，写明："我印度经理 Mukesh Bhandari 先生和贵司开立信用证，并已经支付 10%定金，由于一些原因，现在此信用证已过期。现印度银行要求我公司将此票结清。即贵司必须把 10%的定金退回我印度账户。同时我印度公司将重新开立一个新的信用证。我印度经理 Mukesh Bhandari 先生非常有诚意和贵司谈成这笔交易。如果贵司有任何疑虑，我印度公司可以和贵司签订协议，以表示我印度公司继续和贵司合作。"

本案审理中，被告主张的原告存在违反合同义务的陈述为：原告履行了部分义务，没有提供全部的资料。被告提交了 2005 年 10 月 9、11、12、29 日电子邮件作为证据。

上述事实，有 2005 年 4 月 3 日《销售合同》，第三人开具的《预付款保函》，2005 年 6 月 7 日《技术合作协议书》，原、被告往来的电子邮件，2005 年 11 月 16 日索取保函款项的电文证据经庭审质证，各方当事人对证据真实性均没有提出异议，本院予以确认。与各方当事人的陈述、庭审笔录一并在卷佐证。

本院认为：

原告诉讼请求确认被告在索偿由原告申请开具的 11000LG0500001 号保函项下款项的过程存在欺诈及请求判决第三人终止向被告支付 11000LG0500001 号保函项下款项。即原告认为被告虚构原告违反保函基础合同项下义务，向第三人欺诈性索取保函项下款项，其行为的后果是侵害原告合法权益，构成保函欺诈的事实。故本案诉争的法律关系为侵权民事法律关系，本案为保函欺诈民事侵权纠纷。

关于本案是否由法院主管的问题，已经本院及辽宁省高级人民法院审理，并依法做出民事裁定认定本院对本案件诉争的法律关系享有管辖权。就被告在庭审中再次提及的管辖异议，本院不再审理。

关于本案适用法律问题。本案是保函欺诈纠纷，原告以被告保函欺诈为由提起侵权之诉，其诉讼请求涉及第三人出具的见索即付保函之法律关系。该见索即付保函是依据国际商会《见索即付保函统一规则》第 458 号出版物开具。该规则对保函项下的申请人、受益人、担保人即本案原告、被告和第三人均具有约束力。《见索即付保函统一规则》第 458 号出版物未对见索即付保函项下的欺诈问题做出规定。保函欺诈属于侵权法上的问题，依据中华人民和国的冲突法律规范，侵权行为应适用侵权行为地国家的法律。被告向第三人索取保函项下款项的结果地在中国，中国是本案的侵权行为结果地，应适用中华人民共和国的法律。本院确认《中华人民共和国民法通则》为本案的准据法。

本案争议焦点是：被告向第三人索取保函项下款项是否存在欺诈，第三人应否终止向被告支付保函项下款项。

本案诉涉的见索即付保函是在国际商事交易领域里广泛运用的不同于传统从属保证制度的独立保证，也称独立保函。独立保函是为了担保债务的履行，保证人应基础交易债务人的委托，向基础交易债权人做出的、只要债权人提出索款要求并提交符合规定的单据，保证人即不得援引基础交易项下的任何抗辩就须向债权人支付约定金额的承诺。独立保证关系下通常存在申请人（本案原告）与受益人（本案被告）之间的基础交易关系和第三人（银行或其他商业机构）与被告（受益人）之间的独立保函交易两个相互独立的法律关系。由于本院审理的是确认被告是否构成保函欺诈问题，在此情况下，本院有权并且必然要查明基础合同履行的实际情况，以确认原告是否违反基础合同义务的事实，由此确认被告在保函项下索赔函中的陈述是否存在欺诈性的虚假陈述，从而确认被告是否构成保函欺诈。本院认为，这正是独立保函独立性原则之"欺诈例外"适用的必然结果。

关于原告在履行 SKWZ2005-15《销售合同》即本案保函基础交易合同过程中是否存在被告在索赔函中陈述的违反合同义务这一事实问题，根据《销售合司》的约定，原告应当履行与本案争议相关的义务是：原告销售给被告链蓖机、混合机、干燥机、米盘式造球机、带棍子筛的布料器、环冷机6种设备。由原告在签订合同两个月内用特快专递以软盘和图纸的方式向被告提供装配图、总布置图、含载荷数据的地基图、电气/土建要求。被告在陈述原告违约事实时指出：原告已经履行了部分义务，所没有履行的义务是指在被告向原告发出的函件中要求原告再提供一些资料，而原告没有提供，而这本应是原告在基础合同项下应当履行的义务，被告为此提供了2005年10月9日、11日、12日、29日双方之间往来的电子邮件予以证明。本院根据2005年5月26至6月8日电子邮件，可以认定从《销售合同》签订至2005年6月8日期间，原告已经先后交付给被告上述6个设备相关的图纸及资料，被告对交付的图纸及资料并没有提出异议，原告履行了符合《销售合同》中应当履行的图纸及资料的交付义务。再看2005年10月9日、11日、12日、29日4份电子邮件，其主要内容为：（1）原告向被告提出合同中约定的开立信用证问题；（2）被告在电子邮件中陈述被告基于与设计单位的讨论，带有/不带有润滑机的干燥机规格已经过修改；（3）请求延长预付款保函的有效期；（4）要求原告提供被告与造球机、链蓖机和环冷机能力相符之干燥机和润磨机的详细资料，并在上述要求得以实现后尽快开立信用证；（5）请求原告将预付款保函延期。该4份电子邮件是被告作为证明原告没有按照合同约定履行义务，即没有交付设备资料的证据。就电子邮件的内容而言，可以说明双方《销售合同》约定的交付过图纸及资料的干燥机规格已经修改，邮件中被告要求原告交付的干燥机和润磨机的资料，并非是 SKWZ2005-15《销售合同》条款中约定原告应履行的义务。而第三人开具保函当中所提及的合同义务应当是针对 SKWZ2005-15《销售合同》中所约定的义务。显然，该4份电子邮件的内容均不能证明原告存在违反合同义务之事实。另外，在本案件受理后，2006 年 3 月 10 日天津市易禾进出口贸易有限公司为请求原告退还预付款一事发给原告电子函件，该函件中请求原告退还预付款的明确理由是印度银行要求被告将"此票结清"，未主张被告在索赔函中所称的原告违约。

综合上述事实，本院认定，由于 11000LG0500001 号保函的基础合同是 SKWZ2005-15《销售合同》，其仅对在该合同项下原告应当履行的义务具有担保效力。现被告提交的证据不能证明原告存在《销售合同》项下的违约事实，其亦未指出原告存在保函基础交易下其他违约事实和提交其他证明原告存在保函基础合同项下违约行为的证据。因此，被告在索赔函中陈述的原告违反合同义务与事实不符，不能成立。

关于被告索取保函项下款项的行为是否构成保函欺诈的问题。本院认为，本案所涉保函为见索即付保函，依据国际商会《见索即付保函统一规则》第 458 号出版物的规定，见索即付保函是独立保函，独立于基础合同，不受基础合同约束，只要符合保函索赔条件，担保银行就应当支付保函项下款项。针对见索即付保函的独立性，国际惯例同时又确立了"欺诈例外"，即在保函受益人明知保函申请人没有违约而仍隐瞒真实情况，故意告知第三人虚假情况，试图诱使第三人向其做出保函项下的付款，即已构成保函欺诈。最高人民法院《关于贯彻执行〈中华人民共和国民法通则〉若干问题的意见》第 68 条规定，"一方当事人故意告知对方虚假情况，或者故意隐瞒真实情况，诱使对方当事人做出错误意思表示的，可以认定为欺诈行为"。本案中，被告向第三人提交的索赔函中陈述原告违反合同义务，而实际情形原告并不存在违约之事实，因此，被告向第三人做出原告在基础合同项下违约的陈述不符合真实情况，其向第三人做出虚假陈述为索取保函项下款项的行为已构成保函欺诈。本院认为独立保函的欺诈例外应予适用，被告向第三人主张 11000LG0500001 号保函项下索款的民事行为无效。

关于第三人应否终止向被告支付保函项下款项的问题。本院认为，由于被告欺诈性索款行为的结果将导致第三人不当支付给被告保函项下款项并转而向保函申请人即原告索赔的严重后果。如前所述，被告构成保函欺诈，其行为违反了民事活动中应遵循的诚实信用原则，被告索取保函项下款项的行为属无效民事行为，第三人因此应终止向被告支付保函项下的款项。

综上所述，本院依照《中华人民共和国民法通则》第五十八条第一款第三项之规定，判决如下：

裁判结果：

一、被告印度电热公司 ELECTROTHERM (INDIA) LIMITED. 向第三人中信银行股份有限公司沈阳分行主张 11000LG0500001 号保函项下 237,500.00 美元的索款行为存在欺诈；

二、第三人中信银行股份有限公司沈阳分行终止向被告印度电热公司 ELECTROTHERM (INDIA) LIMITED. 支付 11000LG0500001 号保函项下款项 237,500.00 美元。

案件受理费 19,560.00 元、财产保金费 10,115.00 元，由被告印度电热公司 ELECTROTHERM (INDIA) LIMITED. 承担。

如不服本判决，原告沈阳矿山机械（集团）进出口公司、第三人中信银行股份有限公司沈阳分行可在判决书生效之日起 15 日内，被告印度电热公司 ELECTROTHERM (INDIA) LIMITED. 可在判决书送达之日起 30 日内向本院递交上诉状及副本，上诉于中华人民共和国辽宁省高级人民法院。

10. 沈阳矿山机械（集团）进出口司与印度电热公司、第三人中信银行股份有限公司沈阳分行保函欺诈纠纷

[裁判评析]

虽然当事人在合同中约定"有关执行合同所发生的一切争议应通过协商解决，如不能解决，将分歧提交中国国际经济贸易仲裁委员会按有关仲裁程序进行仲裁"，但是当一方当事人向法院提起侵权之诉时，将不会受到该约定的拘束，法院将依据侵权纠纷处理管辖问题。

因此在保函纠纷案件中，为避免管辖上的不利，一方当事人向法院提起侵权之诉的情形颇为常见。

[辽宁省高级人民法院 (2007) 辽民四知终字第 102 号民事裁定书]

上诉人诉称：

（1）本案应按主合同确定案件管辖，即依据销售合同仲裁条款的约定；（2）一审法院认为本案是侵权纠纷案件，于法无据。请求二审法院撤销原裁定，告知被上诉人将纠纷提交中国国际经济贸易仲裁委员会进行仲裁。

本院认为：

本案的焦点问题是对当事人争议的法律关系性质的识别。现各方当事人对"原告与被告之间为国际货物买卖合同关系"、"第三人与被告之间为独立保证关系"的认定均无异议。同时，《销售合同》约定："有关执行合同所发生的一切争议应通过协商解决，如不能解决，将分歧提交中国国际经济贸易仲裁委员会按有关仲裁程序进行仲裁。"即双方达成就主合同纠纷通过仲裁方式解决的合意。在此基础上，应考虑本案是否符合上述约定的情形，是否应适用该仲裁约定确立案件的管辖，即被上诉人起诉的事实、理由以及请求是依据合同关系还是侵权关系，其要求上诉人承担的是违约责任还是侵权责任的问题。

经查，本案被上诉人提起的是确认之诉，请求是确认上诉人在索偿保函项下款项的过程存在欺诈及请求判决第三人终止向上诉人支付保函项下款项。其依据不是上诉人与被上诉人间买卖合同违约事实，也不是第三人与上诉人间的独立保证事实。被上诉人认为上诉人向第三人索取保函项下款项的行为，侵害了被上诉人的合法权益，构成保函欺诈，是侵权的法律关系。故不应适用《销售合同》关于合同争议解决方式的约定，也与主从合同的法律关系无关。综上：上诉人的上诉理由不成立，本院不予支持。依照《中华人民共和国民事诉讼法》第一百五十四条之规定，裁定如下：

裁判结果：

本案二审案件受理费 50 元，由上诉人印度电热公司 ELECTROTHERM (INDIA) LTD. 负担。本裁定为终审裁定。

11. 安徽省技术进出口股份有限公司与奥斯沃化工肥料有限公司、第三人中国银行安徽省分行、第三人印度国家银行保函欺诈纠纷

［裁判评析］

本案系因保函欺诈引起的侵权纠纷，侵权行为结果发生地和可供扣押财产所在地均在合肥，故合肥中院对本案有管辖权，且应选择适用中华人民共和国法律。

国际司法实践中，认定是否构成欺诈的普遍做法是要根据基础交易关系来确定是否构成欺诈。

如果受益人没有对申请人主张索款的权利，那么索款要求就具有欺诈性。而判断受益人有无对申请人主张索款的权利，必须结合基础交易合同的履行情况来判断。

虽然见索即付保函以独立性为原则，但是在实践中，一旦一方主张存在保函欺诈并向法院提起诉讼，法院为查明是否构成保函欺诈必然要对基础合同的实际履行情况进行必要的审查。保函的独立性在此时处于例外状态。

因此，无论是申请人还是受益人，均需结合合同的约定，向法院提交证据，以证明自己或对方是否存在保函欺诈。

[安徽省合肥市中级人民法院 (2006) 合民四终字第 03 号民事判决书]

一审法院查明：

2001 年 11 月 3 日，奥斯沃公司为订购磷矿砂向安徽省进出口公司发出一份编号为 OCFL/2001/RP/CH/2102 的订单，安徽省进出口公司嗣后接受了该订单。订单约定，由安徽省进出口公司向奥斯沃公司出口 40000 吨磷矿砂，溢短装允许 ±10%，单价为每千吨 25 美元，FOB 南京，装运期为 2001 年 12 月 31 日；安徽省进出口公司在规定的装船期内提前 15 天通知奥斯沃公司，以便奥斯沃公司派遣船只，此通知需随附英斯贝克检验公司的预检报告

以确认符合要求的 40000 吨货已备妥。订单还载明了磷矿砂的具体规格，其中水分含量不超过 2.5%；对货物的重量以英斯贝克检验或 SGS 检验为准，并由英斯贝克或 SGS 检验机构在装运港进行取样分析核实是否符合约定的质量要求。订单中约定的付款方式为不可撤销即期信用证，具体内容为"买方在收到卖方的履约保函后立即通过一类国际银行开出以卖方为受益人的不可撤销即期信用证，卖方保证在 2001 年 12 月 31 日前发出第一批货，因卖方原因造成不能实现此约定的所有费用由卖方承担，从履约保证金中扣减，不足的另行补偿。印度境外的银行费用由卖方承担。卖方保证 2001 年 12 月 31 日装船发运货物，买方同意于 2001 年 11 月 20 目前开出信用证"；信用证随附单据包括："（1）发票一式三份；（2）三正三副全套清洁提单；（3）英斯贝克检验机构在装船时出具的重量证书；（4）英斯贝克检验机构在装船时出具的质量分析证书；（5）安徽省进出口公司在装船后 48 小时内发给奥斯沃的载有船名、装货数量及装船时间的装船通知的副本；（6）商会出具的产地证。"该订单同时要求安徽省进出口公司提供银行履约担保，约定的具体内容为："卖方须在此订单生效后 7 日内向买方提供不可撤销履约保函，保函金额为信用证的 3%，其后每批发货均重开同样的保函，此履约保函有效期为自开出起六个月，此履约保函应由国际性银行开出，见索即付。此履约保函在买方开出信用证后才可生效。"2001 年 11 月 12 日，奥斯沃公司向安徽省进出口公司回函确认合同的装运日期由原定 2001 年 12 月 31 日延至 2002 年 1 月 15 日。2001 年 11 月 21 日，应奥斯沃公司的申请印度东方商业银行开出以安徽省进出口公司为受益人的编号为 ID/FLC/USD/144/2001 的信用证，金额为 100 万美元，FOB 南京，到期日为 2002 年 2 月 5 日，特别条款规定货物从南京港运至印度巴拉帝浦港，装运日期不迟于 2002 年 1 月 15 日，最迟装运期和到运期为 2002 年 1 月 15 日和 2002 年 2 月 5 日，货物重量以及信用证金额可上下浮动 10%。后应开证申请人奥斯沃公司的申请，上述信用证做出几次修改，装运港由"南京"改为"镇江"，最后装运日期和到运日期分别改为 2002 年 1 月 25 日和 2002 年 2 月 15 日，货物描述条款中每千吨 25 美元改为 24.7 美元，水分最高含量由最高 2.5% 改为最高 3%。2002 年 1 月 8 日,英斯贝克检验机构出具装船前检验报告。2002 年 1 月 13 日,中国国际贸易促进委员会出具原产地证,证明从镇江港运到印度巴拉帝浦港的 43555 公吨散装磷矿砂的原产地为中国。2002 年 1 月 21 日,43555 公吨散装磷矿砂从镇江装运,提单上载明托运人为安徽省进出口公司,卸货港为印度巴拉帝浦港,信用证号为 ID/FLC/USD/144/2001。同日,英斯贝克检验机构出具了重量证书和质量分析证书,证明检验地点为镇江港,磷矿砂重量为 43555 公吨;质量符合约定要求。安徽省进出口公司将信用证所要求的单据提交银行后,于 2002 年 1 月 31 日,收到编号为 ID/FLC/USD/144/2001 的信用证项下款项 1043534.25 美元。

为履行上述合同,安徽省进出口公司于 2001 年 11 月 13 日向安徽省中行申请开立保函。安徽省中行接受安徽省进出口公司的申请,于 2001 年 11 月 13 日请求印度国家银行开出以奥斯沃 01 年 11 月 13 日请求印度国家银行开出以奥斯沃公司为受益人的履约保函,并同时向印度国家银行出具 LG780169/01 号反担保函。该反担保函承诺在保函有效期内收到印度国家银行提交的已被受益人索赔的书面声明时即付给印度国家银行金额不超过 33000 美元的款项。印度国家银行据此开出以奥斯沃公司为受益人的 0480301CG002291 号履约保函,载明在受益人 (奥斯沃公司) 索赔时向受益人支付最高为 33000 美元的款项,保函有效期自 2001 年 11 月 14 日至 2002 年 3 月 31 日,条件是卖方未按合同履行义务,印度国家银行收到受益人书面索赔函及所附的确认卖方未按合同履行的声明。2001 年 12 月 25 日,安徽省中行应安徽省进出口公司请求,致函印度国家银行,将上述履约保函的金额提高至 66000 美元,保函有效期展至 2002 年 6 月 30 日。2002 年 2 月 20 日,安徽省中行应安徽省进出口公司请求,再次致函印度国家银行,将上述履约保函的金额再度提高至 99000 美元,保函有效期展至 2002 年 9 月 31 日。印度国家银行亦两次按照安徽省中行的要求修改了履约保函。2002 年 6 月 11 日,奥斯沃公司向印度国家银行确认安徽省进出口公司未履行 2001 年 11 月 3 日签订的编号为 OCFL/2001/RP/CH/2102 的合同,要求印度国家银行支付 0480301CG002291 号履约保函项下的 99000 美元。2002 年 6 月 13 日，印度国家银行要求安徽省中行履行反担保义务。

一审法院认为：

本案系因保函欺诈引起的侵权纠纷，侵权行为结果发生地和可供扣押财产所在地均在合肥，故该院有管辖权，且应选择适用中华人民共和国法律。本案中的见索即付履约保函在我国缔结或参加的国际条约及我国法律中无明确的规定，可适用国际惯例国际商会第 458 号出版物《见索即付保函统一规则》(URDG) 的规定。本案所涉保函虽为独立保函，但国际上普遍接受"欺诈例外"原则，即在保函受益人存在欺诈的情况下，担保行不应履行保函项下的付款义务。在安徽省进出口公司已完全履约的情况下，奥斯沃公司做出虚假陈述，以安徽省进出口公司没有履行合同规定的义务为由向印度国家银行索赔履约保函项下款项，违反了诚实信用原则。本案所涉保函未排除适用《见索即付保函统一规则》第 20 条 a 款所规定的内容，奥斯沃公司的索赔中亦未明确安徽省进出口公司违约的具体事项，加之奥斯沃公司在诉讼过程中的长期沉默，加深了法庭对奥斯沃公司欺诈的确信。故奥斯沃公司的索赔行为构成欺诈，属无效的民事行为。

据此，该院依照《中华人民共和国民事诉讼法》第一百三十条、《中华人民共和国民法通则》第五十八条第一款第 (三) 项的规定，判决：1. 被告奥斯沃公司主张银行保函权利 (金额 9900 美元) 的民事行为无效；2. 第三人安徽省中行不得支付 LG780169/01 号反担保函项下款项；3. 第三人印度国家银行不得支付 0480301CG002291 号保函项下款项。案件受理费 15170 元，诉前财产保全费 4610 元，合计 19780 元，由奥斯沃公司承担。

上诉人（安徽省中行）诉称：

（1）本案基础交易合同确定的争议解决方式为，提交国际商会仲裁，且应适用英国法律，仲裁地点为新加坡。因此，原审法院没有管辖权。（2）安徽省进出口公司未就奥斯沃公司是否构成欺诈及如何欺诈方面举证证明，原审法院认定奥斯沃公司主张保函权利行为构成欺诈,既违背了案件基本事实,也违反了最高人民法院《关于民事诉讼证据的若干规定》的相关规定。(3)本案所涉保函独立于基础交易合同,其独立性受法律保护,不应受到基础交易合同双方当事人履行合同所发生争议的影响。综上,安徽省中行请求撤销原审判决,诉讼费用由安徽省进出口公司承担。

上诉人(印度国家银行)诉称:

(1)安徽省进出口公司与奥斯沃公司之间签订的《购货定单》第13.0条约定的争议解决方式为提交国际商会仲裁,排除了法院对本案的管辖权。(2)印度国家银行与安徽省中行之间就保函事宜往来的法律文件,确认了因本案所涉保函及反担保函引发的争议应适用印度法律,并由印度法院管辖。因此,印度国家银行亦请求撤销原审判决,诉讼费用由安徽省进出口公司承担。

被上诉人辩称:

(1)本案系保函欺诈,当属侵权纠纷,因侵权行为结果发生地和可供扣押财产所在地均在合肥,根据我国民事诉讼法的规定,原审法院有管辖权。(2)安徽省进出口公司一审中提供的证据足以证明其已完全按照基础交易合同的约定履行义务。(3)保函独立性原则的例外为保函欺诈,保函欺诈是以基础交易的欺诈为前提,奥斯沃公司的索赔请求构成保函欺诈。综上,安徽省进出口公司请求二审法院判决驳回两上诉人的上诉请求,上诉费用由两上诉人承担。

本院认为:

本案争议的主要焦点为:(1)原审法院对本案是否有管辖权及法律适用问题;(2)奥斯沃公司索取保函项下款项的行为是否构成欺诈。

一、关于原审法院对本案是否有管辖权及法律适用问题

本案中,安徽省进出口公司以奥斯沃公司为被告,以安徽省中行与印度

国家银行为第三人向原审法院提起保函欺诈诉讼，依据的是认为奥斯沃公司不当索取保函项下款项行为侵害了安徽省进出口公司合法权益之事实，而非依据安徽省进出口公司与奥斯沃公司之间签订的交易合同违约之事实，亦非依据保函及反担保函争议之事实，故该诉讼法律关系的性质应为侵权诉讼。安徽省进出口公司委托安徽省中行开立保函，并向安徽省中行交纳了保证金，后安徽省中行委托印度国家银行开立出以奥斯沃公司为受益人的银行独立保函。一旦奥斯沃公司主张保函项下款项，实际付款人（即可能的受害人）应为安徽省进出口公司。上述行为虽跨越了中国与印度两个国家，但行为的结果发生地在中国。依照我国法律及最高人民法院司法解释中关于侵权行为准据法的相关规定 [见《中华人民共和国民法通则》第一百四十六条、最高人民法院《关于贯彻执行〈中华人民共和国民法通则〉若干问题的意见》第一百八十七条、《中华人民共和国民事诉讼法》第二百四十三条]，侵权行为地（包括侵权行为实施地和侵权结果发生地）法院有管辖权，并可选择适用侵权结果发生地法律。原审法院以此确定本案的管辖权，并选择适用中国法律及国际惯例，符合法律规定。因此，安徽省中行与印度国家银行均以交易合同中确认的争议解决方式排除司法管辖（即安徽省进出口公司与奥斯沃公司签订的《购货定单》第 13.0 条）为由上诉称原审法院无管辖权，印度国家银行以其与安徽省中行之间就保函事宜往来的法律文件确认了因本案所涉保函及反担保函引发的争议应适用印度法律，并由印度法院管辖的上诉理由，均依法不能成立。

二、奥斯沃公司索取保函项下款项的行为是否构成欺诈

本案所涉保函为见索即付保函。见索即付保函是为适应当代国际贸易发展的需要，由银行和商业实践的发展而确立起来，并已成为现在国际担保的主流和趋势。我国担保法对此并无明确规定。依据国际商会第 458 号出版物《见索即付保函统一规则》的规定，见索即付保函是独立保函，独立于基础合同，不受基础合同约束，只要符合保函规定的索赔条件，担保行就应当支付保函项下款项。但是，在国际商业实践中，这种独立性一定程度上也为受益

人进行欺诈性索款提供了方便，助长了商业欺诈，破坏了法律机制所追求的公平价值。因此，针对见索即付保函的独立性，国际惯例同时又确立了"欺诈例外"原则，即在保函受益人存在欺诈的情况下，担保行不应履行保函项下的付款义务。关于欺诈的认定，国际上普遍接受根据基础交易关系来确定是否构成欺诈，即认为，如果受益人没有对申请人主张索款的权利，那么索款要求就具有欺诈性。衡量受益人有无主张索款的权利，必须结合基础交易合同的履行情况来加以判断。因此，原审法院根据基础交易合同的履行情况来审查认定欺诈，并无不当；安徽省中行关于此节的上诉理由亦不能成立。

基于上述国际惯例确立的原则，本院二审期间严格审查了本案基础交易合同的履行情况，安徽省进出口公司提供的证据材料足以证明其已完全履约。在此情况下，奥斯沃公司违反诚实信用原则，做出虚假陈述，仍以安徽省进出口公司没有履约为由索取保函项下的款项，显已构成欺诈，应认定无效。

综上，原审判决认定事实清楚，适用法律正确，处理并无不当，应予维持。依照《中华人民共和国民事诉讼法》第一百三十条、第一百五十三条第一款（一）项的规定，判决如下：

裁判结果：

驳回上诉人中国银行安徽省分行和上诉人印度国家银行的上诉，维持原判决。二审案件受理费人民币 15170.00 元，由上诉人中国银行安徽省分行和上诉人印度国家银行各承担人民币 7585.00 元。

本判决为终审判决。